1歳児の指導計画完全サポート

監修／原孝成

はじめに

　近年、共働き家庭の増加や、働き方の変化などにより、保育所・幼稚園・認定こども園に通う子どもが増えています。

　とくに、0・1・2歳児は急増していて、乳幼児期の保育の重要性が大きな課題となっています。

　2017年3月の「保育所保育指針」及び「幼保連携型認定こども園教育・保育要領」の改定にともない、乳児期や、3歳未満児の特性に基づく保育内容がていねいに記載されるようになりました。

　改定されても『「保育」は養護と教育が一体的に行われるものである』という考え方自体は変わりません。ただ、「養護」は基本的事項として、より安全で安心できる子どもの生活環境をつくっていく保育者の視点としてまとめられました。また、「教育」の側面である「保育内容」は内容の充実と質の向上が図られるようになりました。

　このような社会や制度の変化のなかで、1人ひとりの子どもを理解し、子どもの最善の利益のために、適切な環境を構成していくことや、指導計画を立案していくこと、それに基づく実践を通して、自分の保育を振り返り次の指導計画を改善・立案していくことが、保育者の重要な役割となります。

　本書が、そのような保育者の保育の質の向上のための助けになれば幸いです。

原 孝成

目 次

はじめに 1

第 ❶ 章　指導計画の基本

保育所保育指針改定で
指導計画はどう変わったの？ 6
指導計画はなぜ必要なの？ 8
1歳児の発達と指導計画 10
指導計画にはどんな種類があるの？ 12
月案の見方のポイント 14
月案の項目別・指導計画のポイント 16
個人案・週案について 20
個人案の見方のポイント 22
週案の見方のポイント 24

年度の最初に立てる計画のポイント 26
年間指導計画 28
食育計画 30
保健計画 32
避難訓練計画 34
園の防災対策を確認しましょう！ 36

第 ❷ 章　12か月の指導計画

4月の指導計画

月案（低月齢児） 38
月案（高月齢児） 40
個人案（低月齢児・高月齢児） 42
個人案（配慮事項・発達援助別） 44
週案 46
4月の遊びと環境 48
4月の文例集 49

5月の指導計画

月案（低月齢児） 50
月案（高月齢児） 52
個人案（低月齢児・高月齢児） 54
個人案（配慮事項・発達援助別） 56
週案 58
5月の遊びと環境 60
5月の文例集 61

6月の指導計画

月案（低月齢児） 62
月案（高月齢児） 64
個人案（低月齢児・高月齢児） 66
個人案（配慮事項・発達援助別） 68
週案 70
6月の遊びと環境 72
6月の文例集 73

7月の指導計画

月案（低月齢児） 74
月案（高月齢児） 76
個人案（低月齢児・高月齢児） 78
個人案（配慮事項・発達援助別） 80
週案 82
7月の遊びと環境 84
7月の文例集 85

8月の指導計画

月案（低月齢児） 86
月案（高月齢児） 88
個人案（低月齢児・高月齢児） 90
個人案（配慮事項・発達援助別） 92
週案 94
8月の遊びと環境 96
8月の文例集 97

9月の指導計画

月案（低月齢児）	98
月案（高月齢児）	100
個人案（低月齢児・高月齢児）	102
個人案（配慮事項・発達援助別）	104
週案	106
9月の遊びと環境	108
9月の文例集	109

10月の指導計画

月案（低月齢児）	110
月案（高月齢児）	112
個人案（低月齢児・高月齢児）	114
個人案（配慮事項・発達援助別）	116
週案	118
10月の遊びと環境	120
10月の文例集	121

11月の指導計画

月案（低月齢児）	122
月案（高月齢児）	124
個人案（低月齢児・高月齢児）	126
個人案（配慮事項・発達援助別）	128
週案	130
11月の遊びと環境	132
11月の文例集	133

12月の指導計画

月案（低月齢児）	134
月案（高月齢児）	136
個人案（低月齢児・高月齢児）	138
個人案（配慮事項・発達援助別）	140
週案	142
12月の遊びと環境	144
12月の文例集	145

1月の指導計画

月案（低月齢児）	146
月案（高月齢児）	148
個人案（低月齢児・高月齢児）	150
個人案（配慮事項・発達援助別）	152
週案	154
1月の遊びと環境	156
1月の文例集	157

2月の指導計画

月案（低月齢児）	158
月案（高月齢児）	160
個人案（低月齢児・高月齢児）	162
個人案（配慮事項・発達援助別）	164
週案	166
2月の遊びと環境	168
2月の文例集	169

3月の指導計画

月案（低月齢児）	170
月案（高月齢児）	172
個人案（低月齢児・高月齢児）	174
個人案（配慮事項・発達援助別）	176
週案	178
3月の遊びと環境	180
3月の文例集	181

保育日誌	182
１年間の指導計画を振り返ってみよう	186
CD-ROMについて	188

本書の使い方

第❶章 指導計画の基本を解説！

本書の第1章では、指導計画がなぜ必要なのか、指導計画にはどんな種類があるのか、また、改定された「保育所保育指針」にもとづいた、指導計画の作成のポイントや、年度はじめに立てる計画について説明しています。

第❷章 その月に必要な指導計画がまるごとわかる！

本書は、月ごとに指導計画を掲載しています。その月に必要な指導計画がまとめて見られますので、実際に計画を作成する際に便利です。また、1年間の保育の流れや、それぞれの計画の関連性についても理解しやすい構成となっています。

付属 CDR すべての例文を掲載！

本書に掲載されている指導計画の例文はすべて、付属CDRに掲載されています。コピーして、ご自身の園の指導計画に貼り付けることで、すぐに利用することができます。

第 1 章

指導計画の基本

この章では、「指導計画」とは何か、なぜ必要なのかについて説明しています。
また、それぞれの計画を立案する際のポイントについてもまとめています。

保育所保育指針改定で

指導計画はどう変わったの？

保育所保育指針、幼稚園教育要領、幼保連携型認定こども園教育・保育要領が改定（訂）*され、2018年4月から施行されましたが、どのような内容なのでしょうか。また、指導計画にはどのような影響があるのでしょうか。ここでは、とくに保育所保育指針（以下、指針）の改定を中心にみていきましょう。

1. 保育所保育指針の改定について

❶改定のポイントは？

①0・1・2歳児*も「教育の視点」が充実！

新しい指針では、0・1・2歳児の項目が充実しました。それにともない、これまで3歳以上児で重視されていた「教育」の視点が、新しい指針では0・1・2歳児にも多く入ることになりました。

②養護がより重要に！

これまでの指針では、養護は保育内容の項目に入っていましたが、新しい指針では第1章「総則」の「基本的事項」に入りました。これは、養護の視点がより重要になった、ということを示します。

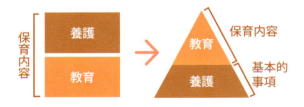

③具体的な保育目標が示された

新しい指針では、具体的な保育の目標となる「育みたい資質・能力」「幼児期の終わりまでに育ってほしい姿」（以下、10の姿）が示されました。これは、今までの指針にはなかったものです。

❷保育所保育指針、幼稚園教育要領、幼保連携型認定こども園教育・保育要領の3つには関連性はあるの？

もともと「保育内容」の項目においては、この3つは共通の形をとっていましたが、今回の改定により、保育所・幼稚園・認定こども園において日本の乳幼児期の子どもが受ける「幼児教育」を、3つの施設で共通して行おうという姿勢がより全面に押し出されることになりました。ここでいう「幼児教育」とは、3歳未満児からの教育も含めます。

---

*改定（訂）：保育所保育指針は「改定」、幼稚園教育要領と幼保連携型認定こども園教育・保育要領は「改訂」と表記されている。
*0・1・2歳児：保育所保育指針では0歳児を「乳児」、1・2歳児を「1歳以上3歳未満児」としている。

2. とくに指導計画に関わる部分について

❶指導計画の位置付けは？

今回の改定で、指導計画の項目が、第4章から第1章「総則」に移動されました。これは、指導計画がより重要な位置づけになったことを示します。指導計画を立てることが保育者の重要な役割の一つであることを意識しましょう。

❷計画の流れは変わるの？

基本的に流れは変わりません。ただし、保育者の保育に対する見方が変わります。これまでは、幼児教育における「目標」というのはあくまで方向性であって達成目標ではない、という漠然としたものであったと思います。しかし、10の姿（下図）が示されたことによって、育ってほしい姿が具体的になり、目標と実践に対する評価がしやすくなりました。活動そのものは変わらなくても、日々の保育の先に10の姿があることを念頭に置きながら立案しましょう。

❸評価の視点は変わるの？

目標が具体化したことにより、評価の視点もより明確で、具体的になりました。しかし、評価自体が変わるわけではありません。10の姿とは、決して達成度のチェックリストではないのです。

❹「0・1・2歳児の教育の視点充実」を指導計画にどう反映させればいいの？

これまで、0・1・2歳児の保育では「養護」の側面が重要視されていましたが、今回の改定により、養護のなかにも「学び」や「教育」の視点があるということが示されました。つまり、これまで養護の「ねらい」「内容」に入れていた項目のなかにも「教育」に入る要素がある、という考え方で指導計画を作成していくことが大切なのです。

幼児期の終わりまでに育ってほしい10の姿

健康な心と体／自立心／協同性／道徳性・規範意識の芽生え／社会生活との関わり／思考力の芽生え／自然との関わり・生命尊重／数量や図形、標識や文字などへの関心・感覚／言葉による伝え合い／豊かな感性と表現

指導計画はなぜ必要なの？

指導計画はなぜ必要なのでしょうか。計画を立てるためにどのような視点があるのでしょうか。
ここでは、計画の必要性と計画を立てるために必要な乳幼児期の子どもをみるための視点をみていきましょう。

1. 指導計画とは？

保育所保育指針では、第1章「総則」において、「保育の目標」が示されています（下図）。これを達成するために各園で「全体的な計画」を作成します。指導計画とは、この全体的な計画に基づいて、保育が適切に展開されるために作成する具体的な計画のことをいいます。つまり指導計画とは、保育の目標を達成するためにあるのです。

保育の目標

（心と体の）健康	
人間関係（人との関わり）	
環境（生命、自然及び社会の事象に対する興味や関心）	教育
言葉（言葉への興味や関心）	
表現（豊かな感性や表現力）	
養護（生命の保持及び情緒の安定）	

2. 養護と教育とは？

保育とは、養護と教育を一体的に行う営みです。

養護…子どもが安心して生活していくために保育者が行う援助や関わり
教育…子どもが健やかに成長し、活動が豊かに展開されるために保育者が行う発達の援助

指導計画において「養護」とは、子どもたちが成長していく基礎となるもので、保育者の視点で書かれます。生命の保持や情緒の安定といった、養護の要素というものは、常に安定していることが重要です。実際の指導計画においても「養護のねらい」は、前月と変わらないということもあります。

指導計画において「教育」とは、子どもたちが学んでいく姿や環境のなかで成長していく力を書くもので、子どもの視点で書かれます。日々子どもたちが学ぶことは変化していくので、「教育」の要素というものは、常に子どもにあわせて変化していくことが重要です。

3. 5領域とは？

5領域とは、子どもの育ちに関わる要素を「健康」「人間関係」「環境」「言葉」「表現」の5つに分類したものです。指導計画においては、「保育内容」の項目になる部分です。それぞれの項目の特徴は下記のとおりです。

①健康	子ども自身の心と体の健康や成長と発達
②人間関係	子どもたちをとりまく環境のなかで、人との関わりに関するもの（友だち・保育者・保護者など）
③環境	子どもたちをとりまく身近な環境に関するもの（おもに人以外のもの）
④言葉	上記②③の環境とやりとりをしていく上で言葉の獲得に関するもの
⑤表現	環境とやりとりしていくうえで必要な言葉以外のやりとりや表現、感性

4. 育みたい資質・能力とは？

今回の指針改定で、一生ものの「生きる力の基礎」として幼児教育で一体的に育みたい3つの柱が、「育みたい資質・能力」として具体的に示されました。これにより、乳幼児期の教育が、小学校・中学校・高校へとつながる学びの基礎となることがよりはっきりと示されました。指導計画においてはとくに「ねらい」を立てるときに、育みたい資質・能力を念頭に置くとよいでしょう。

育みたい資質・能力

知識及び技能の基礎
（遊びや生活のなかで、豊かな経験を通じて、さまざまなことについて感じたり、気づいたり、わかったり、できるようになること）

思考力、判断力、表現力等の基礎
（遊びや生活のなかで、気づいたこと、できるようになったことなども使いながら、考えたり、試したり、工夫したり、表現したりすること）

学びに向かう力、人間性等
（心情、意欲、態度が育つなかで、よりよい生活を営もうとすること）

5. 幼児期の終わりまでに育ってほしい姿（10の姿）とは？

10の姿は、5領域が目指す目標をよりくわしく表したもので、適切な生活や遊びの積み重ねで見られるようになる子どもの姿です。子どもによって見られる姿は異なり、到達すべき目標ではありません。今後は10の姿を念頭において、全体的な計画をはじめ、全ての計画を作成していく必要があります。また、この10の姿は、小学校の先生たちが、小学校に入ってくる子どもたちがこれまでどのような保育を経験してきたかを見るための視点としても、使用されます。

1歳児の発達と指導計画

	1歳〜	〜1歳6か月	
食事	● 手づかみで自分で食べるようになる。 ● スプーンを使ってみようとする。	● 食べ物の好き嫌いが出てくる。 ● よくかんで食べることを意識できるようになる。	
睡眠	● 園の環境に慣れ、安心して眠ることができるようになる。 ● 午前と午後の2回、睡眠をとる。	● 日中にしっかり体を動かし、しっかり午睡をとれるようになる。 ● 自分から体を休めようとする。	
排泄	● 嫌がらずにおむつを替えてもらおうとする。 ● おまるや便器に座ろうとする。	● おむつがぬれたことや尿意をしぐさや言葉で伝えようとする。 ● おまるや便器で排尿できることもある。	
言葉	● 名前を呼ばれると、返事をする。 ● 意味のある単語を発することが多くなる。	● 欲求を表情や身ぶり、単語で伝えようとする。 ● 保育者の言葉をまねることが増える。	
運動	● 伝い歩きや支え歩きで活発に移動する。 ● 簡単な体操やリズム遊びができる。	● ひとり歩きを始める。 ● バランス感覚が身につく。	
人間関係	● 身近な保育者との信頼関係を基盤に、情緒が安定していく。 ● 保育者に身ぶりで意思を伝えようとする。	● 人形やぬいぐるみなど身近なものに愛着を示す。 ● 他児に興味を示し、近づいていこうとする。	

1歳児とは満1歳～2歳になるまでのことを指します。この時期は著しく発達する時期であると同時に、個人差が大きく出る時期です。下の表にある時期はあくまで目安であるととらえておきましょう。指導計画作成の際にも個人差に配慮する必要があります。

▶ ～2歳

● 1歳6か月ごろまでに幼児食（固形食）になる。 ● 友だちや保育者と一緒に食事をする楽しさを感じる。	● 食べこぼしはしながらも、食具（スプーンやフォーク）を使って食べるようになる。 ● 食材に興味をもち、苦手なものも食べてみようとする。
● 午睡が1回になる。 ● 活発になり、遊びに熱中したあとは眠りたがらないことがある。	● 眠る前にトイレに行くなどの流れを把握するようになる。
● 排尿、排便の間隔が一定になってくる。 ● おまるや便器での排尿に成功することが増える。	● トイレに行きたいときに自分から保育者に伝える。 ● トイレでの排尿に成功したことを保育者に言葉で伝える。
● 二語文を使うようになる。 ● 自分の気持ちや体験したことを話そうとする。	● 二語文が増える。 ● 生活や遊びのなかで簡単な会話ができるようになる。
● 手すりにつかまって階段をのぼりおりする。 ● 追いかけっこを楽しむ。 ● ぐるぐる描きをする。	● 長く歩く体力、脚力が身につく。 ● 腕の力がつき、つかんだりぶら下がったりできるようになる。
● 友だちと一緒に遊ぶことを楽しむようになる。 ● 感情がはっきり現れ、「いや」と主張することが増える。	● いろいろなものに興味を示し、関わりや行動が広がる。 ● 自己主張が強くなる。

指導計画にはどんな種類があるの？

指導計画にはどんな種類があるのでしょうか。立てる時期と、種類について見ていきましょう。

1. 何を、いつ計画するの？

❶年度の最初に立てるもの
――年間指導計画・食育計画・避難訓練・保健計画

年度の初め（あるいは前年度末）に立てる計画の代表は、年間指導計画です。年間指導計画は、年齢別に1年間の主な活動を見通すもので、全体的な計画をもとに、季節の行事を考慮しながら記載します。全体的な計画は、毎年それほど大きく変わることはありませんので、年間指導計画も前年度のものをベースとして作成します。ただ、保育所保育指針が改定されたなどの際には、計画を再度検討することが必要となり、それに伴い年間指導計画も見直しを検討します。立案の際には12か月を見渡し、行事が多すぎる月がないかバランスを見ていくことも重要です。

食育計画や避難訓練、身体測定や健康診断などの保健計画も基本的には前年度の計画をもとにし、年度の最初に立てます。これらの計画は、外部の関係者とのスケジュール調整が必要なため、年度初めには確定できない場合がありますが、実施する時期の目安は決めておきます。▶くわしくは26、27ページ

❷月ごとに、あるいはもっと短期のスパンで立てるもの――月案、週案・個人案

月案は毎月の具体的な活動計画で、年齢ごと、またはクラスごとに作成します。大体の場合、年度初めに3か月～半年分ほど作成し、その後はクラスの状態を見ながら調整していきます。

週案は前週の終わりに作成するため、柔軟性のある計画作りを心がけましょう。天候や子どもの状況などを見ながら作成していきます。

個人案は、子ども一人ひとりの状況に沿った形でつくられる保育計画で、これも毎月子どもの状態に合わせて作成します。いずれも、子どもたちの日々の状態をよく観察しながら、次の計画作成へと生かしていくことが大切です。

先週は、雨で室内の活動が多かったから、今週は外の活動を増やそう。

4月	年度の最初（年度末）に立てるもの
	・年間指導計画　・保健計画 ・食育計画　　　・避難訓練計画

4月〜3月	月ごとに、あるいはもっと短期のスパンで立てるもの
	・月案　　　　　・週案 　　　　　　　　・個人案

青文字…長期の指導計画　赤文字…短期の指導計画

❸振り返り

　指導計画作成、日々の保育活動を充実したものにするうえで、振り返りは大変重要な要素です。園は、子どもたちがともに生活しながら心身ともに健やかに成長していくための場です。活動を滞りなくこなしていくのではなく、子どもたちが「ねらい」を達成するための環境構成や保育者の関わりが適切であったかを立ち止まって考え、明日の保育に生かしていくことが大切です。

振り返り

前月の計画 ➡ 計画の立案 ➡ 振り返り

2. 年間指導計画とは？月案とは？

❶年間指導計画とは？

どんな計画？
年間指導計画とは年齢ごとに、各園の全体的な計画に沿いながら作成する計画です。

どんな内容？
1年間の園の行事を念頭に置きながら、1年のなかでどんなことを経験し、達成させたいかについて考慮しながら期ごとに立案していきます。

1期 4〜6月
2期 7〜9月
3期 10〜12月
4期 1〜3月

誰が立てるの？
園長（施設長）が中心となって保育者全員で作成します。

大切なこと
大きな行事の以外にも、水遊びや木の実拾いなど季節の遊び関連、また「こういう体験をしてほしい」といった園の方針を踏まえた活動計画を加えていきます。

▶ 年間指導計画の見方は28、29ページ

❷月案とは？

どんな計画？
月案とは、年間指導計画をもとにした年齢ごと、あるいはクラスごとにつくられる月単位の計画です。

どんな内容？
必須となる活動を配置しながら、「ねらい」を達成するための活動内容、環境構成など具体的な計画を記します。

誰が立てるの？
主任の保育者を中心に、実際に日々子どもたちに接しているクラス担任が話し合い、クラスの特徴や状況に合った計画を立てます。

大切なこと
年間の目標を達成するための段階が踏めているかどうか、長期的な視点を忘れないように注意します。月案は必ず、計画、実践、評価、改善の手順で次の月に計画を生かしていきましょう。

▶ 月案の見方は次ページ
▶ 週案・個人案については20、21ページ

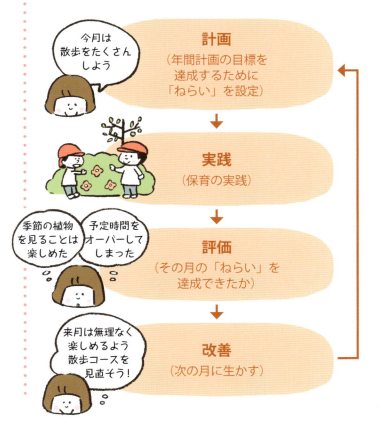

月案の見方のポイント

月案は、年間指導計画をもとに、大きな行事を軸としながら作成します。
子どもたちが充実した園生活を送れるよう、
その時期の発達の特性に合った活動と援助を考えます。
季節感に富んだ活動を意識することも大切です。

前月末の子どもの姿
各月の活動を考えるにあたっては、そのときどきの子どもの状態や興味を踏まえることが重要になります。一人ひとりの姿を観察し、浮かびあがってきたことを具体的に書きます。

ねらい
年間指導計画のねらいと、現在の子どもの姿を踏まえて考えます。発達のようすや季節感を考慮して作成します。

内容
「ねらい」を達成するためには、子どもにどのような経験をしてほしいか、具体的な活動や体験の内容を書きます。

職員との連携
計画を実践していくうえで必要な共通認識、保育者やほかの職員間の役割担当、特に重視すべき連絡事項について書きます。

家庭・地域との連携
保護者や地域とともに子どもを育てていくという立場から、共有すべき事柄について書きます。各家庭、地域の方々と信頼関係を築くことを目的とします。

4月 月案・低月齢児

CD-ROM → 1歳児_月案
→ p38-p41_4月の月案（低月齢児）

4月　低月齢児　月案　さくらんぼぐみ
担任：A先生

今月の保育のポイント
新しい環境に変わり、不安を覚えたり興奮のために疲れやすくなりがちです。個別での関わりを大切にし、情緒の安定を図ることが必要です。楽しみをみつけながらクラスに親しめるように心がけ、安定した気持ちで過ごすことができるようにしましょう。

今月初めの子どもの姿
- 新しい環境に慣れず、泣くことがたびたびあった。
- 園庭で遊んでいる友だちの姿をじっと見つめていることがあった。

	ねらい	内容
健康 ✚ 人間関係 ♥ 環境 ♠ 言葉 ● 表現 ♪	✚♥新しい担任のそばで安心して入眠する。 ✚園庭や公園など、戸外で体を動かす。 ♥保育者と関わりをもとうとする。 ♥慣れている保育者との関わりを楽しむ。 ♪玩具の使い方を知り、楽しむ。 ♪音楽に関心をもち、体を動かす。	✚♥午睡の時間に皆で一緒に入眠する。 ✚♥ワゴンを使ったり、手をつなぎながらの散歩を楽しむ。 ♥食べたいもの、とりたい玩具を身振りで伝えようとする。 ♥保育者との好きな遊びをとおして、安定した気持ちで過ごす。 ♪自分の手を動かして変化をみつけ、好きな玩具に夢中になって遊ぶ。 ♪リズム遊びで音楽を感じて、自分なりに体を動かすことを楽しむ。

職員との連携
- 子ども一人ひとりの好きな遊びや健康状態について、保育者間で報告し確認し合う。
- 戸外に出かけるときは、複数の目で子どもの動きをチェックし安全に配慮する。
- 人見知りしがちな子どもについて現状を共有する。

家庭・地域との連携
- 新しい環境に変わって疲れやすい時期なので、家庭ではゆったり過ごしてもらうよう伝える。
- 持ち物の記名を確認し、ないものはお願いする。

養護のねらい
前月末の子どもの姿を踏まえながら、生命の保持と情緒の安定の視点から意識すべきことを書きます。

健康・安全への配慮
心身の健康を守るうえでの留意点について書きます。感染症がはやる時期の対策、予定している活動で注意すべき事柄を想定します。

行事
季節の行事、誕生会、避難訓練など、園でその月に行われる行事を書きます。

環境構成
「内容」を実現するために必要な物的環境（必要な道具）、空間の準備、人員の配置について書きます。

保育者の関わりと配慮事項
保育者が子どもたちに体験や活動を「させる」のではなく、子どもが自発的に行えるには、どのように関わるべきかを書きます。子どもの発達、感情面の安定にも留意して考えます。

反省・評価のポイント
その月が終わったあと、「ねらい」を達成できたか、そのための援助を行うことができたか、また立案そのものが適切であったかなどを振り返ります。この内容を、翌月の活動に活かしていきましょう。

食育
豊かな食の体験をし、食べることを楽しみ、興味をもてるような計画を考えます。行事食や旬の食材などにも配慮します。

4月 月案・低月齢児

養護のねらい
- 新しい環境の生活に慣れるように見守る。
- 子どもたちの不安な気持ちを受け止め、安心して過ごせるようにする。

健康・安全への配慮
- 安心して入眠できるように環境づくりを工夫する。
- 個々の食事の量や好み、アレルギーの有無などを把握する。
- 子どもたちの使う玩具を点検、消毒しておく。

行事
- 進級お祝い会
- 身体測定
- 誕生会
- 避難訓練
- 職員会議

環境構成

- 自分の布団をみつけられるよう配置を毎回一定にする。
- 一人ひとりが外遊びの楽しさを味わえるように、一人ひとりの気持ちに寄り添う声かけをする。
- 玩具を一方的に与えるのではなく、好きなものを選べるように準備しておく。
- 安心して遊べるよう、遊びごとにコーナーを用意しておく。
- 遊びに集中できるよう、状況に応じて活動スペースを分ける。
- 広い空間を用意し、子ども同士がぶつからず、のびのびと体を動かせるようにする。

保育者の関わりと配慮事項
- 泣いたり落ち着かないそぶりを見せる子どもには、十分にスキンシップをとる。
- 転倒やけがに気をつけて見守り、戸外で体を動かす心地よさを共有する。
- 玩具は名称を口に出して手渡し、「はい、どうぞ」などと声かけをする。
- 子どもたちの欲求を表情から読みとり、それにこたえるような声かけを行う。
- 必要に応じて介助し、子ども自身が楽しみ喜ぶようすに共感する。
- 保育者も子どもたちと一緒に歌ったり、体を動かしたりする。

食育
- 食事の前に手を洗い、手がきれいになる気持ちよさを味わう。
- 個々のペースに合わせて楽しんで食べる。

反省・評価のポイント
- 泣いたり、落ち着かないようすだった子どもが、安心した表情を見せるよう援助できたか。
- 一人ひとりの欲求を受け止めることができたか。
- 自分でやろうとする行動を見守りつつ、適切に介助できたか。

月案の項目別・指導計画のポイント

月案は、月の単位で区切った計画です。月案を作成する際は、クラス全体を見渡すとともに個々の発達の違いにも配慮しながら計画を立てていきます。

1 前月末の子どもの姿とは　保育者視点・過去形

「前月末の子どもの姿」は、前月にクラスの子どもたちがどんな体験をし、そのなかでどのような成長があったかを保育者視点で記すものです。0・1・2歳児の場合はとくに、発達や体験のようすがわかるように具体的に書きます。

表現のポイント

一人ひとりの状況がわかるように書くことが大切です。ネガティブな表現になりすぎることは、避けましょう。

- ○ トイレでの排泄は難しいが、おまるでの排泄はできるようになった。
- × トイレでの排泄ができなかった。

2 ねらいとは　子どもの姿・現在形

「ねらい」は、各月の、子どもたちに身につけてもらいたい力、体験してもらいたいことを示すものです。年間計画のねらいを達成するうえで各月にどのようなねらいを設定するか、または前月の子どもの発達や体験を踏まえてどう展開するか、2つの側面を考えて計画します。保育者が設定するものの、厳密には子ども自身のねらいですので、子どもを主語にして記します。

表現のポイント

従来は、心情（〜を楽しむ／〜を味わう）・意欲（〜しようとする）・態度（身につける／集団で〜する、ていねいに〜する）の要素を入れる、とされていましたが、それに加え今後は、「感じる」「気づく」「わかる」といった表現を使うとよいでしょう。単なる活動の列挙ではなく、子どもの自発的な姿を具体的に記します。

- ○ 季節の行事を楽しむ。
- × こいのぼり製作をする。（単なる活動になっている）

○養護のねらいとは　保育者視点・現在形

「養護のねらい」は、子どもの生命の保持、情緒の安定を図るために必要な「保育者の関わり」について、保育者視点で書きます。子どもの年齢と月齢、発達の状況を想定したうえで、感染症対策や生活や遊びの環境づくりのなかで気をつける点について記します。また、子どもたちが安心して自分の気持ちを表せるような保育者の関わり方についても書いていきます。

表現のポイント

養護は子どもたちが生活するための基礎となるものです。常に安定していることが大切ですので、養護のねらいは数か月にわたって同じこともあります。

保育者視点 …… 保育者の視点で文章を書く。　**子どもの姿** …… 子どもの姿を書く。
現在形 ・ **過去形** ……それぞれ現在形（〜である）、過去形（〜であった）で文章を書く。

③ 内容とは　**子どもの姿** ・ **現在形**

「内容」は、「ねらい」を達成するために経験させたい姿を具体的に書きます。この際、個々の運動能力の発達、体力、季節感、またクラスの子どもたちがどのような遊びを好んでいるかなどを踏まえることも必要となります。保育者が援助しつつも、活動する主体は子どもですので、子どもを主語にして書きます。

表現のポイント

「ねらい」よりも具体的に書くことが大切です。実際の活動と絡めて書いていきましょう。

- ○ ワゴンを使ったり、手をつないだりしながらの散歩を楽しむ。
- × 体を動かすことを楽しむ。
  （具体的な活動が書かれていない）

月案の「ねらい」と「内容」は、5領域（▶9ページ参照）に沿って作成することが大切です。以下のマークを参考にしましょう。

健康✚＝心身ともに健やかに成長するための活動について。
人間関係♥＝人的環境である保育者や他児などとの関わりと、人との関わりのなかで育つ力。
環境▲＝子どもにとって必要な人的環境・物的環境・自然環境との関わりについて。
言葉💬＝話したり、聞いたりすることや言葉の獲得について。
表現♪＝主に言葉以外のやりとりや表現、感性に関わることについて。

④ 健康・安全への配慮とは　**保育者視点** ・ **現在形**

子どもたちの生活面の基盤を支えるために重要な事項となります。健康や安全といった項目は、「養護」とも密接に関わってくるものです。「養護のねらい」の項目と内容が重なることもありますので、共通の項目としてもかまいません。しかし、自然災害だけでなく、不審者による事故も目立つ昨今は、とりわけ安全対策に重きを置く必要があります。かつては「行事」の項目に書かれていた避難訓練、防災訓練も、このたびの保育所保育指針改定で重視されていますので、この項目に避難訓練に関する詳細な配慮事項を特記します。

健康
- 感染症の予防
- 感染症が発生した際の対応
- 健康増進

安全
- 危険を防ぐための留意点
- 避難訓練、防災訓練

5 環境構成とは　🧑保育者視点・現在形

「環境構成」では、「ねらい」を達成するために必要な環境をいかに構成するかを、保育者視点で記します。人的環境である保育者の声かけや援助については、❻の「保育者の関わりと配慮事項」に書きます。環境を準備するのは保育者ですが、あくまで子どもたちが主体性を発揮できるための環境構成です。

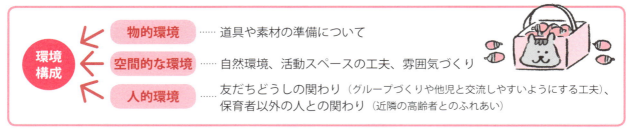

- 環境構成
  - 物的環境 …… 道具や素材の準備について
  - 空間的な環境 …… 自然環境、活動スペースの工夫、雰囲気づくり
  - 人的環境 …… 友だちどうしの関わり（グループづくりや他児と交流しやすいようにする工夫）、保育者以外の人との関わり（近隣の高齢者とのふれあい）

6 保育者の関わりと配慮事項　🧑保育者視点・現在形

「保育者の関わりと配慮事項」とは、活動の過程で、子どもの気持ちを受容したり共感したりしながら、必要に応じて行う働きかけのことです。常に子どもと同じ目線に立ち、子どもの行動や言葉を受け止めたうえで意思のキャッチボールをする、提案をして子どもが自分で答えを導き出せるようにいざなうなど、子どもがみずからものごとに関わっていく主体性を引き出せるような関わり方を考えながら、保育者視点で書きましょう。先回りして手を出しすぎることなく、また情緒の安定や安全に配慮しながら対応することを意識します。

表現のポイント

この項目は、「～させる」という表現をなるべく避けることが、子どもの主体性を引き出す姿勢にもつながっていきます。

7 職員との連携とは　🧑保育者視点・現在形

長時間保育では、登園・降園で担当の保育者が異なることがあるため、子どもや保護者に対する伝達事項や情報を共有し、引き継ぎをしっかりと行うことが必要です。「職員との連携」では、日々の連絡事項に加え、行事の際の役割分担など、活動のなかの共通理解について、保育者視点で書きます。感染症、体調不良の子どもが出やすい時期などはとくに申し合わせや情報管理が重要となります。保育者同士だけでなく調理員、栄養士、嘱託医、看護師、保健師などとの連携体制についてもここに記します。

月案の項目別・指導計画のポイント

8 家庭・地域との連携　保育者視点・現在形

　0・1・2歳児ではとくに、健康状態や日々の成長のようすを細かく報告し合い、家庭との信頼関係を築くことが大切です。保護者の方々とともに子どもを育てる意識をもって、保護者の方にお願いすることや知っておいてほしい事柄を記します。

　地域の方々との連携については、運動会や行事の際にあらかじめ告知をしておき、園の活動を知ってもらうことはトラブルの防止、良好な関係を築くことに影響します。そのほか、地域の夏祭りの際に自治会と連携するなど、地域の方々との交流をもつことが、園に通う子どもたちを「みんなで見守る」環境づくりにつながります。

9 食育　子どもの姿・現在形

　「食育」は、0・1・2歳児ではとくに、「ねらい」や「内容」と重なる部分もあります。食育というと、「行事食を楽しむ」「食材の名前に興味をもつ」などの項目があげられることが多くなりますが、基本的には「おいしさを感じて食べることを楽しむ」「積極的に食べようとする」ことを軸としていきましょう。早いうちから食事マナーに力を入れる園もありますが、就学前の段階で最も大事なのは、食事を楽しむ心を育てることです。そのための取り組みや工夫、季節感のある食体験について考え、子どもを主語にして書きましょう。

10 反省・評価のポイント　保育者視点・過去形

　月の終わりに月案を振り返り、「ねらい」を達成できたか、子どもがどのような体験をしてどのような力が育ったか、適切な援助ができたかなど、保育者が自身の保育に対する反省と評価を記します。反省・評価の対象になるのは「子どもが～できたか」ではありません。子どもたちの活動のようす、子どもの発達に対して、保育者がどのように関われたのか、環境づくりや立案、援助のしかたなどについてうまくいったこと、無理があった点を冷静に振り返ります。この反省と評価は、次月、そして先々の計画づくりの大事な根拠となっていきます。

個人案・週案について

ここでは、保育者の日々の保育と大きく関わってくる短期の指導計画である、個人案と週案についてみていきましょう。

1 個人案とは

● どんな計画？

個人案は、0・1・2歳児の場合に立てる個別の子どもの指導計画です*。0・1・2歳児は発達の個人差も大きく、入所の時期や月齢によっても関わりが違ってくるため、個人案を立てる必要があるのです。

● どんな内容？

個人案は月ごとに作成します。

一人ひとりの発達や興味など、子どもの現状に合わせて柔軟に計画をたて、月の後半になったらその月の課題を振り返り、前月と比べるとどの部分が変わったのかを中心にみて、次の月の課題へとつなげていきます。

● 誰が立てるの？

担当養育制をしいている場合には、担当の保育者が書きます。そうでない園でも、その子にメインで関わっている保育者が書きます。細かく具体的に子どものようすを把握している保育者が立案することが必要なのです。

● 大切なこと

個人案には「次月の課題を見つけ出す」という観点があるため、どうしてもネガティブな部分が書かれることが多くなります。しかし、先月と比べてどの部分ができるようになったのか、次の課題は何なのか、ということを記録していけるとよいでしょう。

一人ひとりの発達に合わせた個人案

一人ひとりの発達の段階に合わせた計画を立てるには、子どもの性格や、現在何ができるようになって、何が課題なのかを把握しておくことが必要です。食事、排泄、身のまわりといった生活習慣のことから、運動面の発達、人間関係などの観点から、その子どもが先月や先週に比べて少しずつできるようになったこと、気持ちのうえでの変化を記録することが、その子に合った個人案の立案へとつながります。

▶ 各月の「配慮事項・発達援助別」個人案の 発達援助 を参照しましょう。

気になる子の個人案

感情のムラが多い、泣きやまないなど「気になる子」の個人案を書くときには、その子ども自身の内面や行動の特徴・変化をできるだけ細かく記録し、不安や不満を感じている理由をみつけていくことが大切です。保育者自身がその子どもとの関わり方が「わからない」と思う気持ちが、その子を「気になる子」にみせてしまっているという側面もあるのです。また、子どもは不安や不満を感じていてもそれを説明できませんから、家庭で何か変わったことがなかったかを、保護者の方に聞くことも大切な鍵となります。

▶ 各月の「配慮事項・発達援助別」個人案の 気になる子 を参照しましょう。

---

*2歳児クラスの個人案……2歳児クラスに在籍する3歳児については、0・1・2歳児と同様、個人案を作成する。

2 週案とは

● どんな計画？
週案は、1週間という単位での子どもたちの計画です。基本的には、月案の「ねらい」をベースに立てていくものです。

● どんな内容？
週案は、1週間の生活の流れで活動をみていくための計画です。大きな行事に関連する活動以外は、子どもたちの活動状況を見ながら、その週の遊びや生活の目標を立案していきます。

● 誰が立てるの？
クラスの担任の保育者が、前の週の終わりに、今週のクラスのようすを振り返って翌週分の案を立てます。

● 大切なこと
週案は、柔軟性をもたせることが大切です。週の活動は、天候や子どもたちの体調にも左右されます。変更したり、順番の入れ替えをしたりするなどして、活動がバランスよく展開されるようにしましょう。

---

column はじめて指導計画を立てるときのポイント

この春からはじめて担任になり、はじめて指導計画を立てるという方もいるでしょう。はじめて指導計画を立てるときには、どのようなことがポイントとなるのでしょうか。

①学生時代に学んだ資料を活用する

いざ保育の現場に立つと、はじめての体験ばかりで困惑しがちですが、そんなときは学生時代に慣れ親しんだテキストや実習ノートを開きましょう。園によって力を入れていることや方針に違いはあっても、基本はかつて学んできたことのなかにあります。保育者という職業にあこがれ、地道に勉強を重ねてきた努力に自信をもって計画を立ててみましょう。

②わからないことは先輩に聞く

何を書いてよいかわからなかったり迷ってしまったりしたときは、一人で悩まずに、できるだけ早く先輩の保育者に聞くのが一番です。「忙しそう…」と遠慮してしまいがちですが、聞かれなければ、何がわからないのかがわかりませんから、遠慮せずに聞きましょう。園の方針や決まったフォーマットなどもありますから、慣れている人に聞くのが早道です。

③目の前の子どもたちをよく見る

そして何よりも、目の前の子どもたちをしっかりと見ることが重要です。次の週に反映させていく子どもたちの表情の変化やちょっとした成長に目配りし、記録していくほどに、変化に気づく目も養われていきます。子どもたちができるようになったことをともに喜び、気づいたことを翌月、翌週の計画にいかに反映させていくかを意識することで、一人ひとりの子どもたちに合った計画がつくれるようになります。

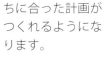

個人案の見方のポイント

一人ひとりの子どもに寄り添い、子どもの現在の姿を捉えながら発達に応じた援助ができるように計画を立てます。

前月末の子どもの姿
前月の生活や遊びのときの子どものようすを、今月のねらいや目標とつながるように具体的に書きます。

＊4月は入園したばかりの子どもが多いため「今月初め」としています。

ねらい
「前月末の子どもの姿」を受けて、今月の目標を具体的に書きます。

内容
「ねらい」を実現するために必要な、その子どもに経験してほしい事柄を書きます。

保育者の援助
活動の過程で保育者が必要に応じて行う働きかけを書きます。

振り返り
この月を振り返り、それぞれの子どもの姿について小さな成長や変化を見逃さずに記録します。また、保育者の環境構成や援助が適切だったかを検討し、記し、次月のねらいへとつなげます。

ポイント！保育者の思い
月ごとに個人案を立案するうえでのポイントをコメントの形で示しています。

低月齢児・高月齢児

０・１歳児クラスでは月齢による差が大きいので、４月時点の月齢が６か月未満（１歳児クラスの場合には１歳〜１歳６か月児未満）を低月齢児、７〜12か月未満（１歳児クラスの場合場合には１歳７か月〜２歳未満児）を高月齢児として、保育内容を分けることが一般的です。

▲…運動　♪…食事　💧…排泄　👕…身のまわり　❤…人間関係　●…言葉　✚…健康・安全　Y…学びの芽

高月齢児 Cちゃん １歳10か月（男児）	高月齢児 Dちゃん １歳11か月（女児）
♪自ら食具を使用するようになってきたが、途中で飽きてしまうことが多い。 ❤他児の玩具に興味をもったり、ほしがる姿が見られた。	❤最初は情緒不安定だったが、安心できる保育者のそばでさまざまな活動を楽しめた。
❤友だちと、もののやりとりを楽しむ。	❤保育者と一緒に好きな遊びをみつけて楽しむ。
●「貸して」「どうぞ」と言葉を使ってやりとりをする。 ❤保育者をとおして、他児との関わりを楽しむ。	●自分の好きな遊びをみつけ、集中して遊びこむ。
●保育者がそばにつき、一緒に遊びを楽しむなかで、「貸して」「どうぞ」のお手本を見せる。	●保育者がつきそいながら、一緒に遊びこんでいく。 ●さまざまな種類の遊びにふれ、他児とも楽しみを共有できるようにする。
●「どうぞ」と言えるときもあったが、お気に入りの玩具はひとり占めしようとする姿が多く見られた。 ●本児の気持ちを受け止めつつ、他児の気持ちも代弁していけるよう、声かけをしていく。	●砂場遊びに誘うとじっくり遊びこんでいたが、ときおり涙をみせることがあった。 ●気持ちが不安定になると、特定の保育者のあとを目で追っていた。そのようなときは、本児の気持ちが落ち着くまで寄り添うことを続けていく。

４月 個人案 低月齢児・高月齢児

ポイント！保育者の思い
進級時は保護者の意向を配慮しつつ、まずは個々の子どもの状態やその背景・要因を考慮してねらいをたてていきましょう。

マーク

それぞれのマークは、個人案を見るときに大切な観点を表しています。

運動▲＝全身の運動機能の発達、活発に運動しようとする意欲などについて。

食事♪＝自分で食べようとする意欲、食具の使用、食べ物への関心の育ちなどについて。

身のまわり👕＝衣服の着脱や排泄、片づけや清潔の意識などについて。

人間関係❤＝保育者や他児と関わろうとする姿勢、感情や自己主張の育ちなどについて。

言葉●＝言葉の発達、伝えようとする意思や会話を楽しもうとする意識の育ちなどについて。

睡眠・安全✚＝安心して熟睡できるようになる、健康保持などについて。

学びの芽Y＝遊びや人との関わりから生まれる、学びに向かう力について

個人案でよく使われる表現

本児（ほんじ）…その子どもという意味。
他児（たじ）…その子ども以外の子どもという意味。
食具（しょくぐ）…スプーンやフォークのこと。

週案の見方のポイント

週案では、1週間の活動の連続性を意識することが大切です。
季節の特徴や子どもの姿を見て柔軟に変更できる余地を残しましょう。

マーク
週案の「内容」は、5領域（●9ページ参照）に沿って作成することが大切です。マークはその文がどの観点から書かれているかを示します。
健康✚＝心身ともに健やかに成長するための活動について。
人間関係♥＝人的環境である保育者や他児との関わりや人との関わりのなかで育つ力について。
環境▲＝子どもにとって必要な人的環境・物的環境・自然環境との関わりについて。
言葉●＝話したり、聞いたりすることや言葉の獲得について。
表現♪＝主に言葉以外のやりとりや表現、感性に関わることについて。

活動予定
この日のメインとなる、大まかな活動を書きます。低月齢児、高月齢児によって活動を分けることもあります。

内容
「活動予定」の具体的な内容を、生活と遊びの両面から考えます。子どもたちの発達状況、興味に合った内容を計画します。

環境構成
「内容」を実践するために必要な道具、集中できる空間づくりについて書きます。

予想される子どもの姿

先週のクラスのようすを振り返り、子どもたちの興味がどこにあるか、何を求めているかを考えて記します。また、子どもたちの健康面の状況についても配慮します。

ねらい

月案のねらいをベースに、その週の目標となるねらいを記します。前週との連続性やバランスも意識しましょう。

振り返り

1週間の活動を振り返り、子どもの姿について気づいたこと、保育者の環境構成や援助が適切だったかを記します。保育者自身の反省点や課題なども記録しておくと、今後の参考になります。

🎯 ねらい

- 環境、保育者に慣れ、安心して過ごす。
- 興味のある遊びをみつける。
- 戸外で体を動かすことを楽しむ。

☑ 振り返り

月のはじめは環境が変わり、落ち着かないようすだったが、しだいに見慣れない保育者にも近づいてくるようになった。園庭では、盛んに探索活動をする姿が見られたので、けががないように見守っていきたい。

4月 週案

4月○日（木）	4月○日（金）	4月○日（土）
園周辺散歩（園近くの公園の散策） 前日に、園庭中心に散策した流れで、今度は園の周辺に出かけてみます。	園庭遊び（低月齢児：砂場遊び、高月齢児：すべり台）	異年齢保育 室内遊び
♣自然物や身のまわりのものに興味をもち、観察したりふれたりする。	✝園庭で体を動かして遊ぶことを楽しむ。 ♥砂場で保育者とやりとりを楽しみながら遊ぶ。	♪年上の子どもの歌を聞き、一緒にリズムを感じたり歌に合わせて体を揺らしたりする。 土曜日は異年齢保育を行う園が多くあります。
● 気温が変化しやすい季節なので、温度調整しやすい衣服で散策に出かける。	● スコップ、バケツ、シャベルなどを人数分用意する。 ● 固定遊具を点検しておく。	● リズムが一緒に楽しめるよう、手遊びを準備する。 ● 年上の子どものようすをゆっくり眺められるスペースをつくっておく。
● 桜の花びらなど自然物にふれられるように配慮する。 ● 日ざしや春の暖かさを感じ、気持ちよさに共感していく。	● 砂や植物などの自然にふれることを楽しめるよう援助・声かけする。 ● 転倒やけがに気をつけて、保育者同士声をかけ合い見守っていく。	●「歌っているよ」などと声かけをし、年上の子どもとの関わりを楽しめるようにする。

47

週案で使われる表現

戸外…園庭や公園などの室外のこと。

固定遊具…ブランコ、すべり台、ジャングルジムのこと。

異年齢保育…異なる年齢の子どもを一緒に保育すること。

保育者の配慮

子どもが自発的に活動しようとする意欲を引き出すための、保育者の具体的な関わりについて書きます。健康面・安全面にも留意します。

25

年度の最初に立てる計画のポイント

●年間指導計画 ●食育計画 ●保健計画 ●避難訓練計画

年度の最初に立てる計画は園全体のカリキュラムと関わっているものが多く、
指針改定の影響を大きく受けます。改定で変わった点と立案の流れ、ポイントをみていきましょう。

1 年間指導計画立案の流れとは？

年間指導計画は、全体的な計画（これまでは保育課程と呼ばれていたもの）をもとに作成されます。通常の場合は前年度のものをベースに作成されます。しかし、保育所保育指針等が改定されたときにはカリキュラムや園の目標そのものが見直しされます。それによって、年間指導計画にも当然、見直しの必要が出てくるのです。

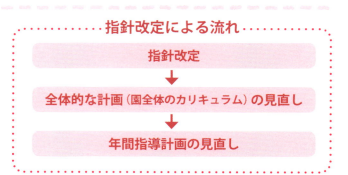

指針改定による流れ
指針改定
↓
全体的な計画（園全体のカリキュラム）の見直し
↓
年間指導計画の見直し

2 指針改定でどこが変わったの？ ポイントは？

では、どこが変わったのでしょうか。これまでは各園がそれぞれ保育目標を立てていましたが、今回、10の姿（●7ページ参照）が示されたことによって、10の姿をベースにした形で今後は目標が立てられることになります。

10の姿は、年長児になってから急にめざすものではありません。0歳児から5歳児までのさまざまな体験をとおして成長していくことでだんだんと向かっていくものですので、0歳児のときから最終的には10の姿がある、ということをイメージして、年間指導計画を立てていくことが大切になります。

● くわしくは、28、29ページへ

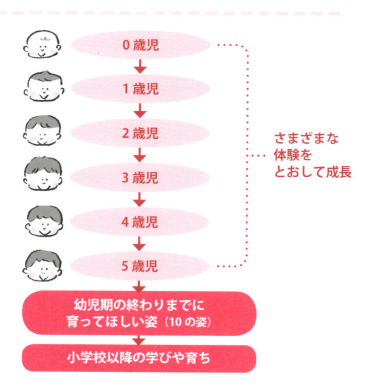

0歳児 → 1歳児 → 2歳児 → 3歳児 → 4歳児 → 5歳児

さまざまな体験をとおして成長

幼児期の終わりまでに育ってほしい姿（10の姿）

小学校以降の学びや育ち

③ 食育計画はどんな計画？　どう変わるの？

　食育計画には、年間の食育計画と、短期の食育計画（▶月案の「食育」の項目を参照）があります。給食の献立自体は、調理員と栄養士が中心になって作成します。その献立や行事食をもとに、子どもたちの活動として、どのような食にまつわる体験をさせていくか、ということを食育計画に反映させていきます。指針改定により、食育の要素が5領域の「健康」のなかにも入りました。食育計画だけでなく、ふだんの保育のなかでも食育の要素を意識することが大切です。

▶くわしくは、30、31ページへ

④ 保健計画はどんな計画？

　保健計画は、健康診断や予防接種の日程を中心に立案していきます。とくに1歳未満児は身体測定が頻繁に行われるので、職員の共通理解のために計画を周知することが大切です。指針改定の影響はありませんが、重要な計画であることに変わりはありません。

▶くわしくは、32、33ページへ

⑤ 避難訓練計画はどんな計画？　どう変わるの？

　避難訓練計画は、年のなかでどのような災害対策をするかを定める計画です。指針の改定により、災害対策の重要性が盛り込まれました。火災、地震、不審者対応を想定した訓練のほか、地域によっては、津波の避難訓練も必要となります。
　1歳未満児の場合は、避難訓練についての理解は難しいので、保育者自身の避難経路の確認となります。1歳以上児については、年齢ごとにできることが異なってきますが、避難訓練の体験をすることそのものが、実際に災害が起きたときに重要な意味をもつと考えましょう。

▶くわしくは、34、35ページへ

年間指導計画

● CD-ROM → 1歳児_年間指導計画

ポイント
年間目標とは、1年の最後にどのような姿になっていてほしいかを表すものです。

ポイント
期は3か月ごとに区切って示されます。それぞれの期において予想される発達の段階や季節ごとの行事を考慮し、計画を作成します。

		第1期（4月～6月）	第2期（7月～9月）
年間目標		● 安心できる保育者等とのかかわりのもとで、食事、排泄などの簡単な身のまわりの活動を自分でしようとする。	
ねらい		● 新しい環境に慣れる。 ● 保育者に見守られながら、好きな玩具や遊びを楽しむ。	● 身近なものに興味をもち、探索活動を十分に楽しむ。 ● 友だちの存在に気づき関わったり、行動や遊びをまねしようとする。
保育内容	健康✚ 人間関係❤ 環境▲ 言葉● 表現♪	✚園の生活リズムに慣れ、安心感をもって過ごす。 ✚自由に歩くことを楽しむ。 ❤保育者や友だちに親しみの気持ちをもつ。 ♪一人遊びを十分に楽しむ。 ♪砂や小麦粉粘土に親しみ、感触を楽しむ。 ●♪保育者に慣れ、ふれあい遊びや言葉のやりとりを楽しむ。	✚水遊びやどろ遊びを存分に楽しみ、水分補給や休息を十分にとる。 ✚汗をかいたら着替えたり、汚れた手を洗ったりして、清潔にする心地よさを味わう。 ❤友だちの遊びに興味をもち、関わろうとする。 ♪探索活動をとおして、身近な自然にふれたり、新しい遊びを試したりと、さまざまな体験をする。 ●保育者の発言や絵本をとおして身近なものの名前を知りたがる。
養護及び関わりのポイント		● 一人ひとりに関わりを十分にもち、生理的欲求が満たされるようにする。 ● 保育者に不安や要求を受け止めてもらい、安心して自分の気持ちを表せるようにする。	● 事故やけがのないように見守っていく。 ● 身のまわりのことを自分でやってみようとする気持ちがもてるようにする。
環境構成のポイント		● 歩ける子どもと歩けない子どもがいるので、それぞれが十分に探索活動ができるよう、空間を確保する。 ● それぞれが一人遊びを楽しめるよう、十分な数の玩具を用意する。	● 一人ひとりが水分補給できているかを確認し、早めに休息を取れるように準備しておく。 ● 水遊びのときは子どもが見渡せる位置に保育者を配置する。
家庭との連携		● とくに新入園児の場合は、保護者の不安な気持ちを受け止める。 ● 家庭での健康状態やようすを聞き、体調を把握するとともに、園でのようすをていねいに伝えていく。	● どろ遊びをするときには、事前に掲示や口頭で保護者に伝え、汚れてもいい衣服の用意をお願いする。 ● 自分で着脱しやすい衣服やパジャマの用意をお願いする。

年間計画立案のポイント

年間指導計画とは、各園の全体的な計画に沿いながら、園全体の共通目標に向けて、子どもたちにどのような経験をさせ、どのような力を身につけてもらいたいかということを年齢ごとに示すものです。

● 保育者を仲立ちとして、生活や遊びのなかで言葉のやりとりを楽しむ。

	第3期 （10月〜12月）	第4期 （1月〜3月）
	● 保育者との関わりやさまざまな体験のなかで言葉を習得していく。 ● 全身を使って遊ぶことの楽しさを十分に味わう。	● 生活の見通しをもって行動する。 ● 身のまわりのできる部分を意欲的に行う。
	✚ 食具を使って意欲的に食べる。 ✚ 簡単な衣服を自分で着脱しようとする。 ♥ 保育者や友だちのしていることをまねて遊ぶ。 ♥ 保育者にほめられることを喜ぶ。 ♪ 砂を使った遊びなどを楽しみ、いろいろな感触を楽しむ。 💬 二語文などを使って、保育者や友だちとの言葉のやりとりを楽しむ。	✚ 尿意を知らせてトイレに行き排泄しようとする。 ✚ 着脱した衣服のボタンを自分でとめたり外したりしようとする。 ♥ 気の合う友だちができ、そばに寄ったり一緒にいたりする。 💬♥ 友だちや保育者の名前を呼び、親しみをもって関わろうとする。 ♥♪ 絵本や紙芝居を読んでもらい、繰り返しのある言葉に興味をもつ。
	● 自分でやりたいという気持ちを引き出し、十分に受け止める。 ● 保育者との関わりに心地よさを感じ、安心感をもてるようにする。	● 自分でやろうとする気持ちを受け止め、達成感が得られるように配慮しながら援助していく。 ● 周囲の人の存在を認め、自己肯定感や信頼感が深まるようにする。
	● 思いを言葉で伝えられるよう1対1の関わりをもつ。 ● 友だちとの関わりが増えるとともにぶつかることも増えるので、すぐに対応できるよう保育者を配置する。	● 目の前に衣服を用意し、子どもが自ら着脱できるよう促す。 ● 季節に合った絵本を設定し、集まりのときに読む。
	● 気温差があるので衣服の調節ができるように、半袖・長袖両方の用意をお願いする。 ● 保育参加や面談をとおして、ふだんのようすを見てもらう。	● 着脱しやすくサイズに合った衣服の見直しと用意をお願いする。 ● 子どもの1年の成長を伝え、ともに喜びや新年度への期待感を共有する。

ポイント
ねらいは、それぞれの期で子どもたちに身につけてもらいたい力や、経験してもらいたいことを示すものです。

ポイント
保育内容は、5領域に沿って、ねらいを達成するために子どもたちに経験してもらいたいことがらを具体的に示すものです。

ポイント
養護及び関わりのポイントは、子どもたちがねらいを達成するために必要に応じて行う保育者の関わりを示すものです。

ポイント
環境構成のポイントは、ねらいを達成するために必要な、保育者の準備や配置について示すものです。

ポイント
家庭との連携は、子どもたちがねらいを達成し、安心して園生活を送るため、保育者と保護者が連携しておく事柄を示すものです。

食育計画

◉ CD-ROM → 📁 1歳児＿食育計画

どんな計画なの？
食育計画とは、乳幼児期にふさわしい食生活が展開され、適切な援助が行われるようにするためのものです。食育計画は、保育所の全体的な計画に基づいて、年間計画や月案・週案とも関連づける形で作成されます。

誰が作成するの？
食育計画は、施設長（園長）の責任のもと、保育者、調理員、栄養士、看護師などの職員が協力して作成するものです。「食を営む力の育成」に向けて、創意工夫しながら食育を推進していくための基礎となるものです。

20○○年度　食育計画

園全体のねらい：「食に関心をもつ」「食を楽しむ」「食のマナーを身につける」

1歳児クラスのねらい：食べることに関心をもち、楽しい雰囲気で食事をする

「園全体のねらい」とは
園共通の内容として、食やそれに関連する事柄に子どもが興味・関心をもち、食は楽しいというとらえ方をするための目標です。

「1歳児クラスのねらい」とは
離乳食から幼児食への移行期のため、食事が楽しいものと感じられるようにするための目標です。

		第1期 （4月〜6月）	第2期 （7月〜9月）
1歳児	内容	〈1歳〜1歳3か月児〉 ● 安心できる保育者との関わりのなかで、食事を自分でしようとする。 ● いろいろな食材に関心をもち、自ら意欲的に食べようとする。 ● こぼしながらも最後までスプーンで食べる。 ● 食事の好みを伝えようとする。 ● 園庭の植物に興味をもつ。	〈1歳3か月〜1歳6か月児〉 ● 落ち着いた環境のもと、楽しい雰囲気で食事をする。 ●「いただきます」「ごちそうさま」のあいさつで手を合わせる。 ● スプーンをもち、器に手を添えて食べる。 ● 食に関する言葉や食品の名前を知る。 ● 年上の子どもの収穫する姿をみて、身近な食べ物に関心をもつ。
	振り返り	● スプーンで最後まで食べようとするが、しだいに飽きてしまい、手づかみ食べをしたり、食べるのをやめてしまうことも多かった。 ● 食べたいものを指さしたり、食の好みが出てくるようになった。	● スプーンで食べることに慣れ、最後まで食べることができるようになった。 ● 保育者が「いただきます」の声かけをすると、手を合わせることができた。

ポイント第1期
離乳食を自分から食べようとし、自分で食具を使うことを覚える時期です。

ポイント第2期
食事前後のあいさつなどマナーを覚え、食事に使われている食材に興味をもつ時期です。

食育計画立案のポイント

食育計画は、指導計画と関連づけて、作成する。
「保育所保育指針」の改定により、保育内容「健康」に食育の内容が入ったので、月案などに示される保育内容との関連性がますます重要になりました。

食育計画は、各年齢を通して一貫性のあるものにする。
1年を通して目標が達成されるような計画にすることが大切です。

食育計画を踏まえた保育の実践や子どもの姿の評価を行う。
評価に基づいて取り組みの内容を改善し、次の計画や実践につなげましょう。

予定：給食の見本表示・食材の紹介（毎日）
　　　献立・給食だより（毎月）
　　　栽培（第1期）、収穫・どろ団子遊び（第2期）、
　　　いもスタンプ（第3期）、見立て遊び（第4期）

「予定」とは
期ごとにどのような経験をさせたいかを書く項目です。園全体で作成しますが、子どもの年齢によって体験することは異なります。たとえば、1歳児は大きな農作物の収穫はまだ難しいので、年長児のようすをみて、興味をもつといったような形で関わりを書きます。

第3期 （10月〜12月）	第4期 （1月〜3月）
〈1歳6か月〜2歳児〉 ● 野菜に興味を示し、スタンプを楽しむ。 ● 苦手な食べ物も励まされて食べようとする。 ● 食具を使いながら自分で食べる。 ● よく噛んで、味わいながら食べる。	〈2歳児〜〉 ● しっかり咀しゃくして食べる。 ● スプーンを逆手もちでなく鉛筆もちでもつ。 ● 身近な大人が調理をする姿に興味をもつ。 ● 園庭や公園で集めた自然物を食べ物に見立て、遊ぶ。
● スタンプ遊びや木の実を使ったごっこ遊びをとおして、野菜に興味をもつことはできたが、苦手な食べ物は残そうとすることが多かった。 ● スプーンやフォークを使うことに慣れ、食べこぼしが少なくなった。	● 咀しゃく、嚥下が上手になった。 ● 一人で最後まで食べられるようになったが、偏食や小食の子どもも見られた。 ● 見立て遊びを子どもたちだけで楽しむことができた。

月齢別の表示
月齢ごとに内容を示すのは、日々成長する年齢で、食べられる食材、食具に違いがあるためです。

ポイント第3期
手伝ってもらいながらも自分で食べることができ、苦手なものを少しずつなくす時期です。

ポイント第4期
しっかり噛んで食べることを覚え、食事をつくってくれる人を知る時期です。

保健計画

◎ CD-ROM → ■ 1歳児 _ 保健計画

年間目標とは
健康で安心、安全な環境のなかで過ごせるように設定される目標のことです。

20○○年度　年間保健計画

年間目標	● 子どもが安心して安全に生活できる ● 健康、安全などに必要な基本的習慣・態度を養い健康の基礎を養う ● 子ども一人ひとりが心身ともに健やかに成長する

	第1期（4月～6月）	第2期（7月～9月）	
目標	● 新しい環境に慣れる ● 生活リズムを整える ● 戸外で元気に遊ぶ ● 梅雨の時期を清潔に過ごす	● 休息のとり方に気をつける ● 暑さに負けない体づくり ● 歯磨きをていねいに行う ● 食品の衛生管理に気をつける	
活動内容	● 身体測定（4月のみ頭囲、胸囲も） ● 幼児健診（月1回） ● 乳児健診（0、1歳児毎週） ● 歯科検診（6月） ● プール前検診（6月眼科、6月耳鼻科・内科検診） ● 献立表チェック（毎月） ● 食物アレルギーの見直し（毎月）	● 身体測定 ● 幼児健診（月1回） ● 乳児健診（0、1歳児毎週） ● 歯科歯磨きチェック ● 熱中症対策 ● プール水質管理 ● 水いぼ、とびひなど感染症対策 ● 献立表チェック（毎月） ● 食物アレルギーの見直し（毎月）	
保護者への働きかけ	● 登園許可証について ● 生活リズムの大切さを伝える ● 歯科検診の報告 ● 感染症が発生した場合のお知らせ	● プール感染症についてのお知らせ ● 紫外線と水分補給について ● 冷房使用時の適温などについて ● 夏の休息のとり方について	
留意点	● 新入園児の既往歴、体質など健康状態の把握 ● 進級に伴う体調の変化に留意する ● 園内の危険チェックの見直し	● 歯科受診状況、治療結果の把握 ● プール開始までに感染性疾患の治療が終わっているかどうかの把握 ● 熱中症予防	
職員	● 職員検便検査（毎月） ● 職員健診 ● 乳幼児突然死症候群講習 ● アレルギー児の対応確認	● 職員検便検査（毎月） ● 食物アレルギー児の対応確認（変更児） ● 水難救助講習	
保健だよりの内容	● 生活のリズム ● 手洗い、爪切り ● 梅雨時期の衣類の取り扱い ● 食中毒予防	● 生活のリズム ● プール、水遊び ● 日焼け、あせもなどの対策 ● 水分補給と休息について	

年間目標とは
健康で安心、安全な環境のなかで過ごせるように設定される目標のことです。

目標とは
それぞれの期で達成すべき目標を設定します。

活動内容とは
それぞれの期で行う保健活動の予定を記載します。

保護者への働きかけとは
保護者に伝えるべきこと、気をつけてほしいことなどを記載します。

留意点とは
季節や子どもの成長をもとに、保育者が気をつけるべきことを記載します。

職員とは
職員が行う健診などを記載します。

保健だよりとは
園で行う取り組みを保護者にわかりやすく示すものです。

32

どんな計画なの？

保健計画とは、園児の発達・心身の状態・家庭の状況などに配慮し、健康で安心、安全な環境のなかで過ごせるように、年間目標に基づいて1年を4期に分けて季節ごとに作成するものです。園全体での計画なので0～5歳全てに対応する共通の計画です。

誰が作成するの？

保健計画は、施設長（園長）のもと、全職員が参画し、共通理解と協力体制のもと創意工夫して作成します。

登園時、下のチェック項目にあてはまる子どもがいたら、職員・保護者と共有し、対応を決定しましょう。

第3期（10月～12月）	第4期（1月～3月）
● 寒さに負けずに、戸外で遊ぶ ● 体力増進のため、薄着に慣れる ● インフルエンザ・かぜ予防	● かぜに注意する ● 寒さに負けずに元気に過ごす ● 戸外で遊んだあとのうがい、手洗いを忘れないように行う
● 身体測定（10月のみ頭囲、胸囲も） ● 肥満児の把握（11月） ● 幼児健診（月1回） ● 乳児健診（0、1歳児毎週） ● 歯科検診（11月） ● 歯磨き指導 ● うがい、手洗いの方法指導（4、5歳児） ● 献立表チェック（毎月） ● 食物アレルギーの見直し（毎月）	● 身体測定 ● 幼児健診（月1回） ● 乳児健診（0、1歳児毎週） ● 新入園児面接・健康診断 ● 4歳児歯ブラシ指導 ● 常備医薬品等点検 ● 献立表チェック（毎月） ● 食物アレルギーの見直し（毎月）
● インフルエンザ予防接種 ● ノロウイルスなど感染性胃腸炎の対策、対応について ● 登園停止期間について	● 乾燥時の湿度管理 ● かぜを引かない体づくり ● カイロや暖房器具による低温やけどの注意
● インフルエンザ予防接種状況確認 ● 身体発育状況の確認 ● うがい、手洗いの徹底 ● 流行性疾患の発生・罹患状況の把握	● 予防接種の接種状況の把握 ● 新入園児の既往歴等確認 ● 年間計画などの見直し ● 新年度の食物アレルギー対応確認
● 職員検便検査（毎月） ● 職員インフルエンザ予防接種 ● 食物アレルギー児の対応確認（変更児）	● 職員検便検査（毎月） ● 食物アレルギー児の対応確認（変更児） ● 新担当保育者への引き継ぎ
● ノロウイルス対策 ● インフルエンザについて ● 乾燥時のスキンケアの方法 ● 年末年始の過ごし方について	● かぜの予防・対策 ● 咳エチケットについて ● 家庭でのうがい・手洗い励行 ● 1年間の保健活動の振り返り

健康観察チェックリスト

【目】
- □ 目やにがある
- □ 目が赤い
- □ まぶたが腫れぼったい
- □ まぶしがる
- □ 涙目である

【耳】
- □ 耳だれがある
- □ 痛がる
- □ 耳を触る

【鼻】
- □ 鼻水、鼻づまりがある
- □ くしゃみをする
- □ 息づかいが荒い

【口】
- □ 唇の色が悪い
- □ 唇、口の中に痛みがある
- □ 舌が赤い
- □ 荒れている

【のど】
- □ 痛がる
- □ 赤くなっている
- □ 声がかれている
- □ 咳がでる

【顔・表情】
- □ 顔色が悪い
- □ ぼんやりしている
- □ 目の動きに元気がない

【胸】
- □ 呼吸が苦しそう
- □ 咳、喘鳴がある
- □ 咳で吐く

【皮膚】
- □ 赤く腫れている
- □ ポツポツと湿疹がある
- □ かさかさがある
- □ 水疱、化膿、出血がある
- □ 虫刺されで赤く腫れている
- □ 打撲のあざがある
- □ 傷がある

避難訓練計画

CD-ROM → 1歳児_避難訓練計画

20○○年度　△△保育園　避難訓練計画

ねらい：災害時に、園児に放送を静かに聞くこと、どのように行動するのか、自分自身はどうすればよいのかなどを繰り返し訓練を行って理解するため「ねらい」を設定します。

想定：災害の種類を想定します。火災については保育所内、近隣住居などの火災を想定します。津波が考えられる地域では、津波を想定した訓練も必要となります。

月：避難訓練は、少なくとも月1回行うことが法令で義務づけられています。

時刻：災害や火災は、さまざまな時刻や活動、場所で発生することを想定して訓練を行う必要があるため、月ごとに変化させる必要があります。

月	時刻	ねらい	想定
4月○日	9:30	● 保育室で静かに放送を聞く。 ● 防災ずきんのかぶり方を覚える。	地震
5月○日	10:00	● 幼児クラスは自分で防災ずきんをかぶる。 ● 保育者のそばに集まり、園庭に出る。	地震
6月○日	9:30	● 静かに、落ち着いて園庭に出る。 ● 地震と火災の放送の違いを知る。	火災（給食室）
7月○日	10:00	● 保育室以外にいるときの避難方法を知る。 ● プールに入っているときの避難方法を知る。	地震
8月○日	11:15	● 離れた場所の火災の対応を訓練する。 ● 落ち着いて行動する。	火災（近隣住宅）
9月○日	9:00	● 地域の避難訓練に参加する。 ● 長い距離を落ち着いて行動できるようにする。	地震
10月○日	10:15	● 不審者が侵入したときの対応を訓練する。 ● 警察への通報方法を確認する。	不審者侵入
11月○日	総合	● 消防署立ち合いで、訓練を行う。 ● 消防車のサイレンや放水に慣れる。	火災（調理室）
12月○日	15:30	● 午睡のあとでも、落ち着いて行動する。 ● 地震のときには、すぐに靴を履くことを理解する。	地震（窓ガラス破損）
1月○日	抜き打ち	● 災害は予告なしに起こることを理解する。 ● これまでの避難訓練の内容を復習する。	地震
2月○日	抜き打ち	● 自ら避難行動をとれるようにする。 ● 火災と地震の放送を聞き分けて行動する。	火災（園舎後方の倉庫）
3月○日	抜き打ち	● 自ら避難行動をとれるようにする。 ● 保護者への引き渡し訓練を行う。	地震

どんな計画なの？

避難訓練計画のポイント

保育所の立地条件や規模、地域の実情を踏まえたうえで、地震や火災などの災害が発生したときの対応などについて作成し、防災対策を確立しておくことが必要です。園全体の計画なので、基本的には０〜５歳児全てに対応する共通の計画です。

誰が作成するの？

避難訓練計画は、施設長（園長）のもと、全職員が参画し、共通理解と協力体制のもと作成します。

避難場所	実施方法
各保育室待機	● 新入園児も含め全員が、基本的な避難の方法を知る。 ● 避難経路を確認する。
各保育室待機 ➡園庭	● ４月の訓練内容を理解できているか確認する。 ● 保育室から園庭に各クラスが混乱なく避難する。
園庭 ➡○○公園	● 園外への避難経路を確認する。 ● 避難経路に障害物が置かれていないか確認する。
テラス、 プールサイド待機	● 放送を聞いたあと、すぐに保育者のもとに集まる。 ● 日差しが強いときはできるだけ日陰に避難する。
各保育室待機	● 園に延焼のおそれがない場合の避難方法を確認する。 ● 消火器の使い方を確認する。
園庭 ➡広域避難場所	● 歩けない乳幼児の担当など役割分担を明確にする。 ● 安全に避難できるよう、事前に経路を確認する。
各保育室待機 ➡園庭	● 警察の指導通りに実際に行えるか確認する。 ● 通報役、不審者対応役など役割を明確にしておく。
園庭	● 消防署員に立ち会ってもらい改善点などを聞く。 ● 園庭まで落ち着いて避難する。
各保育室待機	● 園舎内に倒れやすいものがないか確認し固定する。 ● 地震発生時にはドアを開けるなど避難経路を確保する。
園庭 ➡広域避難場所	● 指示通りに落ち着いて行動できるようにする。 ● 職員も緊張感をもって訓練に臨む。
園庭 ➡○○公園	● 避難中にポケットに手を入れないよう注意する。 ● 避難時の決まり、避難の方法などを一緒に確認する。
園庭 ➡広域避難場所	● 避難経路、避難方法など再度確認する。 ● 保護者への引き渡しをスムーズに行う。

避難場所の設定

１年をとおして保育室に待機することから始め、園庭への避難、広域避難場所など離れた場所への避難など、徐々に避難距離を延ばしていきます。

実施方法

基本的な避難方法や、騒がずに避難することを理解させます。保護者への引き渡し、避難時の保育者の役割分担なども明確にしておきましょう。

園の防災対策を確認しましょう！

保育所保育指針改定で重要視されることになった、防災対策についていまいちど確認してみましょう。
ふだんから備えを万全にしておくことが、いざというときのために大切です。

非常用持ち出し袋*に必要なもの

＊災害時にすぐ持ち出すもの。

園の備蓄*をチェック

- □ ベビーフードは足りていますか
- □ レトルトご飯は足りていますか
- □ フリーズドライのスープは足りていますか
- □ アルファ米（乾燥した非常用のお米）は足りていますか
- □ 果物の缶詰は足りていますか
- □ 非常食の消費期限は大丈夫ですか
- □ 消毒用アルコールは足りていますか
- □ 使い捨て手袋は足りていますか
- □ ごみ袋は足りていますか

＊災害発生から5日分の食料を備蓄することが望ましいとされている。

第 2 章

12か月の指導計画

月案や週案、また子ども一人ひとりの状況を細かく把握したうえで
立案する個人案は、その月ごとに作成や計画の見直しを行うことが多いでしょう。
ここでは、その月に必要な計画をまとめて掲載しています。

- ・月案　　　・遊びと環境
- ・個人案　　・文例集
- ・週案

4月 月案・低月齢児

◎ CD-ROM → 📁 1歳児 _ 月案
→ 📁 p38-p41_4月の月案（低月齢児）

4月　低月齢児　月案　さくらんぼぐみ

担任：A先生

今月の保育のポイント

新しい環境に変わり、不安を覚えたり興奮のために疲れやすくなりがちです。個別での関わりを大切にし、情緒の安定を図ることが必要です。楽しみをみつけながらクラスに親しめるように心がけ、安定した気持ちで過ごすことができるようにしましょう。

👤 今月初めの子どもの姿

- 新しい環境に慣れず、泣くことがたびたびあった。
- 園庭で遊んでいる友だちの姿をじっと見つめていることがあった。

	ねらい	内容
健康 ✚ 人間関係 ♥ 環境 ★ 言葉 💬 表現 ♪	✚♥ 新しい担任のそばで安心して入眠する。 ✚ 園庭や公園など、戸外で体を動かす。 ♥ 保育者と関わりをもとうとする。 ♥ 慣れている保育者との関わりを楽しむ。 ♪ 玩具の使い方を知り、楽しむ。 ♪ 音楽に関心をもち、体を動かす。	✚♥ 午睡の時間に皆で一緒に入眠する。 ✚♥ ワゴンを使ったり、手をつなぎながらの散歩を楽しむ。 ♥ 食べたいもの、とりたい玩具を身振りで伝えようとする。 ♥ 保育者との好きな遊びをとおして、安定した気持ちで過ごす。 ♪ 自分の手を動かして変化をみつけ、好きな玩具に夢中になって遊ぶ。 ♪ リズム遊びで音楽を感じて、自分なりに体を動かすことを楽しむ。

🤝 職員との連携

- 子ども一人ひとりの好きな遊びや健康状態について、保育者間で報告し確認し合う。
- 戸外に出かけるときは、複数の目で子どもの動きをチェックし安全に配慮する。
- 人見知りしがちな子どもについて現状を共有する。

📖 家庭・地域との連携

- 新しい環境に変わって疲れやすい時期なので、家庭ではゆったり過ごしてもらうよう伝える。
- 持ち物の記名を確認し、ないものはお願いする。

養護のねらい

- 新しい環境の生活に慣れるように見守る。
- 子どもたちの不安な気持ちを受け止め、安心して過ごせるようにする。

健康・安全への配慮

- 安心して入眠できるように環境づくりを工夫する。
- 個々の食事の量や好み、アレルギーの有無などを把握する。
- 子どもたちの使う玩具を点検、消毒しておく。

行事

- 進級お祝い会
- 身体測定
- 誕生会
- 避難訓練
- 職員会議

4月 月案・低月齢児

環境構成	保育者の関わりと配慮事項
● 自分の布団をみつけられるよう配置を毎回一定にする。 ● 一人ひとりが外遊びの楽しさを味わえるように、一人ひとりの気持ちに寄り添う声かけをする。 ● 玩具を一方的に与えるのではなく、好きなものを選べるように準備しておく。 ● 安心して遊べるよう、遊びごとにコーナーを用意しておく。 ● 遊びに集中できるよう、状況に応じて活動スペースを分ける。 ● 広い空間を用意し、子ども同士がぶつからず、のびのびと体を動かせるようにする。	● 泣いたり落ち着かないそぶりを見せる子どもには、十分にスキンシップをとる。 ● 転倒やけがに気をつけて見守り、戸外で体を動かす心地よさを共有する。 ● 玩具は名称を口に出して手渡し、「はい、どうぞ」などと声かけをする。 ● 子どもたちの欲求を表情から読みとり、それにこたえるような声かけを行う。 ● 必要に応じて介助し、子ども自身が楽しみ喜ぶようすに共感する。 ● 保育者も子どもたちと一緒に歌ったり、体を動かしたりする。

食育

- 食事の前に手を洗い、手がきれいになる気持ちよさを味わう。
- 個々のペースに合わせて楽しんで食べる。

反省・評価のポイント

- 泣いたり、落ち着かないようすだった子どもが、安心した表情を見せるよう援助できたか。
- 一人ひとりの欲求を受け止めることができたか。
- 自分でやろうとする行動を見守りつつ、適切に介助できたか。

4月 月案・高月齢児

◎ CD-ROM → 📁 1歳児_月案
→ 📁 p38-p41_4月の月案（高月齢児）

4月　高月齢児　月案　さくらんぼぐみ
担任：B先生

今月の保育のポイント

新しい環境のなかで安心して過ごせるように、子どもの気持ちに寄り添いながら関わっていきます。情緒に揺れが見られる子どもには、個別に対応するためにゆったりとした時間をとり、信頼関係を築くことが大切です。活動計画に余裕をもち、一人ひとりのペースを大事にしましょう。

👤 今月初めの子どもの姿

- 新しい環境となる1歳児室での活動にとまどい、不安そうな表情の子どもも見られた。
- 好きな玩具を手渡すと、遊びを楽しめるようになり笑顔になった。

	ねらい	内容
健康✚ 人間関係❤ 環境🌲 言葉💬 表現♪	✚排泄に興味をもつ。 ✚園庭や公園でのびのびと遊びを楽しむ。 ❤✚新しい保育者や友だちのいる環境に慣れる。 ❤💬思いを言葉で伝えようとする。 ♪🌲戸外で春の自然物にふれる。 ♪色に興味をもち、自由に表現を楽しむ。	✚おまるでの排泄に慣れ、自分からすすんで排泄に向かう。 ✚好きな遊具に自分から向かっていく。 ❤保育者と手をつないで歩く。 ❤保育者の問いかけに対し、片言などで自分の気持ちを伝える。 ♪🌲昆虫や植物をじっと見つめたり、ふれようとしたりする。 ♪こいのぼりを製作し、季節の行事に興味をもつ。

🤝 職員との連携

- 子どもや保護者の状況や個別記録を把握し、配慮すべき事柄を共有する。
- 新年度に当たり、チームワークをとりながら保育を行っていけるよう、意識的に声をかけ合う。

📖 家庭・地域との連携

- 新しい環境での子どものようすを連絡帳や口頭でくわしく伝え、保護者と信頼関係を築く。
- 保護者の悩みや疑問に親身になってこたえ、保育を協力して行っていける土台をつくる。
- 持ち物の記名を確認し、ないものはお願いする。

養護のねらい

- 新しい環境に慣れ、保育者に親しみをもって安心して過ごせるようにする。
- 戸外で体をのびのびと動かして遊べるようにする。
- 便器に興味をもち、座ることに慣れていくよう促す。

健康・安全への配慮

- 季節や環境の変化で体調を崩しやすいので、ささいな兆候を見逃さないようにする。
- 個々の食事の量や好み、アレルギーの有無などを把握する。
- 新しく出会う玩具や遊具の使い方を教え、危険がないようにする。

行事

- 進級お祝い会
- 身体測定
- 誕生会
- 避難訓練
- 職員会議

4月 月案・高月齢児

環境構成

- おまるは清潔に保つ。
- ブランコやすべり台で遊ぶ子どもには、保育者がついて危険がないようにする。
- 保育者と手をつないで並んで歩ける散歩コースを準備する。
- 安心して思いを伝えられるよう、できるだけ同じ保育者が関わるようにする。
- 春の絵本、植物や昆虫の図鑑を用意する。
- さまざまな色の絵の具を用意して、子どもが選択できるようにする。

保育者の関わりと配慮事項

- 排尿ができなくても、座り方を覚えるなどの小さな成長をともに喜ぶ。
- 子ども全員に目配りができるように保育者を配置する。
- 子どもたちの歩くペースに合わせるように配慮する。
- 言葉がうまく伝わらないようすのときには、表情から気持ちをくみとり、本人に言葉で確認する。
- 絵本や図鑑を一緒に見て、春の生物に親しみをもてるようにする。
- 一人ひとりが自由に製作を楽しめるよう、声をかけながら製作を行う。

食育

- 食事の前に手を洗うことに慣れ、決まったことを行う達成感をもつ。
- 自分で食具を使いながら、楽しく食事をする。

反省・評価のポイント

- 言葉で主張できない子どもの気持ちをくみとり、寄り添うことができたか。
- 身のまわりのことを自分でしようとする気持ちを受け止めることができたか。
- のびのびと活動できる環境を設定できたか。

4月 個人案 低月齢児・高月齢児

● CD-ROM → 📁 1歳児_個人案
→ 📁 p42-p45_4月の個人案（低月齢児・高月齢時）

	低月齢児 Aちゃん 1歳1か月（女児）	低月齢児 Bちゃん 1歳4か月（男児）
今月初めの子どもの姿	・園の生活リズムに慣れてきた。 ・ハイハイや高ばい、つかまり立ちを盛んに行う姿が目立った。	・環境の変化に不安を見せていた。 ・慣れた保育者の顔を見て、表情やいやいやをするなどして意思表示をすることがあった。
ねらい	・ハイハイでの探索活動を楽しむ。	・言葉を獲得し、単語で少しずつ意思表示する。
内容	・興味のあるものや場所にハイハイで自分から向かい、活動に参加することを楽しむ。	・好きな玩具、食べ物、快・不快などの気持ちを言葉にして伝える。
保育者の援助	・玩具やコーナーを設定し、身振り手振り、声かけをしてAちゃんを活動に誘う。 ・「Aちゃん、いらっしゃい」などと声かけし、自発的に移動する姿勢をほめていく。	・玩具を複数見せて選ばせる際、保育者が名称をゆっくり口に出して伝える。 ・食事中、「おいしいね」などと、子どもが共感できる声かけを意識的に行う。
振り返り	・保育者が呼んだり、鈴など興味がある音が鳴ったりする方へハイハイで移動していた。 ・今はハイハイそのものを楽しんでいるので、移動した先のものでも楽しめるよう遊びを深めていく。	・単語を発することは少ないが、うなずく、いやいやするなど意思表示が明確になった。 ・少しずつ単語を獲得していけるよう、引き続きそばで話しかけたり、簡単な単語を繰り返し伝えるようにしたい。

ポイント！保育者の思い

新しい保育者との生活リズムに慣れ、一緒に遊びを楽しめるように信頼関係を築いていきましょう。

🏃…運動　🎵…食事　💧…排泄　👕…身のまわり　❤️…人間関係　💬…言葉　✚…健康・安全　🌱…学びの芽

高月齢児 Cちゃん 1歳10か月（男児）	高月齢児 Dちゃん 1歳11か月（女児）
🎵自ら食具を使用するようになってきたが、途中で飽きてしまうことが多い。 ❤️他児の玩具に興味をもったり、ほしがる姿が見られた。	❤️最初は情緒不安定だったが、安心できる保育者のそばでさまざまな活動を楽しめた。
❤️友だちと、もののやりとりを楽しむ。	❤️保育者と一緒に好きな遊びをみつけて楽しむ。 
💬「貸して」「どうぞ」と言葉を使ってやりとりをする。 ❤️保育者をとおして、他児との関わりを楽しむ。	❤️自分の好きな遊びをみつけ、集中して遊びこむ。
💬保育者がそばにつき、一緒に遊びを楽しむなかで、「貸して」「どうぞ」のお手本を見せる。	💬保育者がつきそいながら、一緒に遊びこんでいく。 💬さまざまな種類の遊びにふれ、他児とも楽しみを共有できるようにする。
💬「どうぞ」と言えるときもあったが、お気に入りの玩具はひとり占めしようとする姿が多く見られた。 💬本児の気持ちを受け止めつつ、他児の気持ちも代弁していけるよう、声かけをしていく。	💬砂場遊びに誘うとじっくり遊びこんでいたが、ときおり涙をみせることがあった。 💬気持ちが不安定になると、特定の保育者のあとを目で追っていた。そのようなときは、本児の気持ちが落ち着くまで寄り添うことを続けていく。

ポイント！保育者の思い

進級時は保護者の意向を配慮しつつ、まずは個々の子どもの状態やその背景・要因を考慮してねらいをたてていきましょう。

4月　個人案　低月齢児・高月齢児

4月 個人案 配慮事項・発達援助別

◎ CD-ROM → ■ 1歳児_個人案
→ ■ p42-p45_4月の個人案（配慮事項・発達援助別）

	発達援助 ♥人間関係 1歳2か月（女児） 新入園	発達援助 ▲運動 1歳3か月（男児） つたい歩きを始めた
今月初めの子どもの姿	♥今月新入園。母親と別れるときに不安そうにしていた。 ♥保育室の隅でじっとしていることが多かった。	▲はって移動することがあった。 ▲歩いて移動したいというそぶりを見せていた。
ねらい	♥保育者と安心して関わる。	▲自立歩行をする。
内容	♥特定の保育者との応答的な関わりにより、安心して過ごす。	▲保育室や廊下など、危険のないところでつたい歩きしようとする。
保育者の援助	●できるだけ同じ保育者が関わるようにする。 ●保護者に園でのようすをこまめに伝える。	●つたい歩きしているときは保育者が見守る。 ●保育者が手をつなぎながら外歩きする機会を増やし、安定した歩行を少しずつ確保していけるようにする。
振り返り	●少しずつ園での生活に慣れてきたが、登園直後に泣くことが多かった。	●つたい歩きがしっかりとしたものになり、ときどき手を離して数歩歩けるようになった。
保護者への配慮事項	●園ではまだ緊張していることを伝え、帰宅後には保護者に温かく接してもらうよう伝える。	●行動範囲が広がり、ぶつかりやすくなったり、転倒しやすくなったりしていることを伝え、自宅でも危険がないようにしてもらう。

ポイント! 保育者の思い

新入園児は、不安な気持ちから泣いてしまうことが多いので、保護者とも連携し、徐々に園の生活に慣れていけるよう配慮しましょう。

つたい歩きができるようになると、行動範囲が広がるので、危険がないように保育者が見守りましょう。

🏃…運動　🍴…食事　🚽…排泄　👕…身のまわり　❤️…人間関係　💬…言葉　✚…健康・安全　Ｙ…学びの芽

4月 個人案 配慮事項・発達援助別

気になる子 ❤️人間関係 1歳6か月（男児） **特定の保育者としか遊ばない**	発達援助 ❤️人間関係 1歳9か月（女児） **積極的に他児と関わる**
❤️特定の保育者と一緒であれば、意欲的に遊んだり、探索活動をしたりしていた。	❤️他児のそばで自分のやりたいことをして遊んでいた。
❤️特定の保育者以外の人とも関わる。	❤️自分から他児と積極的に関わる。
❤️登園時や降園時に、ほかの保育者ともタッチをしてあいさつする。	❤️他児に声かけしながら遊ぶ。 ❤️自分の意思を伝える。
😊視線を合わせたタッチあいさつができたら、くすぐりや短い手遊びなどを行う。	😊保育者と一緒に遊べる遊具を配置する。 😊保育者が見守りながら、本児が自分の意思をうまく伝えられないときには、仲立ちする。
😊ほかの保育者に抱っこされても泣かず、機嫌よく過ごすことが増えてきた。	😊上手に伝えられないときには保育者が仲立ちすることで、他児との意思疎通がうまくいくようになった。
😊保護者が気にしている場合は、まずは特定の人との愛着関係をしっかりと形成することが発達上重要であることを伝える。	😊自宅で、他児のことを話題にするなどして、他児のことを意識できるようにしてもらう。

ほかの保育者とも関わってみた結果、楽しいと感じることで、安心して関われる人を増やしていきましょう。

他児に積極的に話しかけることで、自分の気持ちが伝わる喜びを保育者も共有しましょう。

4月 週案

● CD-ROM → 📁 1歳児 _ 週案→ p46-47_4月の週案

新入園

4月　週案　さくらんぼぐみ

担任：A先生（低月齢児）
　　　B先生（高月齢児）

予想される子どもの姿

● 新しい環境に不安を示し、保護者と離れるときに泣き出す子どもがいる。
● 新しい生活に慣れず、体調を崩す子どももいる。
● 特定の保育者の声かけにより、好きな遊びをみつける。

✚…健康　♥…人間関係　🌲…環境　🔴…言葉　♪…表現

	4月○日（月）	4月○日（火）	4月○日（水）	
活動予定	室内遊び ——————————————→		園庭散策	
内容	♥新しい環境や保育者に慣れる。	♪好きな遊びでじっくりと遊ぶ。	🌲園庭で思いきり体を動かして散策を楽しむ。 ✚散策をする心地よさに気づく。	
環境構成	● 継続児には0歳児クラスで好きだった玩具を用意しておく。 ● 新入園児には、無理のない遊びを用意する。 初日は新しい環境で緊張もあるのでゆったり過ごせるようにします。	● 全員がじっくりと遊びこめるよう、玩具の数を十分に用意する。 ● 玩具は次亜塩素酸ナトリウムで消毒し、清潔にしておく。	● 園庭で遊ぶときには、クラス単位で落ち着いて遊べるよう、ほかのクラスと時間を調整しておく。 ● 園庭に危険なものがないか確認しておく。	
保育者の配慮	● 保育者と一緒に遊ぶことで、楽しさや喜びを感じ、安心して過ごせるようにする。	● 子どもたちのようすに合わせて環境や玩具の提供を変えていく。	● 「外は気持ちいいね」「花が咲いているよ」など、積極的に声かけをしていく。 ● 危険な場所がないかどうか事前に保育者同士で確認しておく。	

🎯 ねらい

- 環境、保育者に慣れ、安心して過ごす。
- 興味のある遊びをみつける。
- 戸外で体を動かすことを楽しむ。

✅ 振り返り

月のはじめは環境が変わり、落ち着かないようすだったが、しだいに見慣れない保育者にも近づいてくるようになった。園庭では、盛んに探索活動をする姿が見られたので、けががないように見守っていきたい。

4月○日（木）	4月○日（金）	4月○日（土）
園周辺散歩（園近くの公園の散策）	園庭遊び（低月齢児：砂場遊び、高月齢児：すべり台）	異年齢保育 室内遊び
前日に、園庭中心に散策した流れで、今度は園の周辺に出かけてみます。		
🌲自然物や身のまわりのものに興味をもち、観察したりふれたりする。	✚園庭で体を動かして遊ぶことを楽しむ。 ❤砂場で保育者とやりとりを楽しみながら遊ぶ。	♪年上の子どもの歌を聞き、一緒にリズムを感じたり歌に合わせて体を揺らしたりする。
		土曜日は異年齢保育を行う園が多くあります。
●気温が変化しやすい季節なので、温度調整しやすい衣服で散策に出かける。	●スコップ、バケツ、シャベルなどを人数分用意する。 ●固定遊具を点検しておく。	●リズムが一緒に楽しめるよう、手遊びを準備する。 ●年上の子どものようすをゆっくり眺められるスペースをつくっておく。
●桜の花びらなど自然物にふれられるように配慮する。 ●日ざしや春の暖かさを感じ、気持ちよさに共感していく。	●砂や植物などの自然にふれることを楽しめるよう援助・声かけする。 ●転倒やけがに気をつけて、保育者同士声をかけ合い見守っていく。	●「歌っているよ」などと声かけをし、年上の子どもとの関わりを楽しめるようにする。

4月 週案

4月の遊びと環境

その① 春の散策

用意するもの 植物や昆虫の図鑑、春をテーマとした絵本

公園を散策

環境のポイント
花や昆虫など、春の自然をたくさんみつけられる散歩コースを設定しましょう。

皆で図鑑や絵本を見て、興味を広げる

翌日は……

活動の内容
- 戸外に出て、春の植物や昆虫をじっくり観察し興味をもつ。
- 植物や昆虫の図鑑を見て、興味を広げる。

その② こいのぼりの製作

用意するもの こいのぼりの台紙、絵の具

こいのぼりの台紙にフィンガーペインティング

活動の内容
- 季節の行事「こいのぼり」の製作を楽しむ。
- フィンガーペインティングで、絵の具の感触を楽しむ。

環境のポイント
できたこいのぼりは保育室に掲示し、子どもたちが見られるようにしましょう。

4月の文例集

● CD-ROM → 📁 1歳児 _ 季節の文例集 → p49_4月の文例集

今月初めの子どもの姿
- ● 進級児も新入園児も慣れない環境にとまどい、泣く子どもが見られた。
- ● 天候の変化に対応できず、体調を崩す子どももいた。

養護のねらい
- ● 春先の温度差に注意し、子どもの体調の変化を見逃さないようにする。
- ● 環境に慣れ、一人ひとりが落ち着いて過ごせるように配慮する。

健康・安全への配慮
- ● 歩き始めたばかりの子どもが、けがをしないよう環境づくりに配慮する。
- ● アレルギーやアトピーのある子どもについて、職員で情報を共有して対応する。

ねらい
- ✚ 新しい環境に慣れ、落ち着いて午睡の時間を過ごす。
- ✚ 戸外で思いきり体を動かす。
- ♥ 新しい担任と多く関わり、安心感をもつ。

内容
- ✚ 午睡の前には静かに過ごしてから布団に入る。
- ✚ 足もとが危ない子どもは保育者が手をつなぐなどして、できるだけ戸外で活動する。
- ♥ 身振り、手振り、喃語で保育者とコミュニケーションをとろうとする。

環境構成
- ✚♣ 戸外で活動する際には、事前に危険な場所がないか確認する。
- ♥ 子どもの「伝えたい」という気持ちを大切にし、一人ひとりに受容的に対応する。

保育者との関わりと配慮事項
- ♪ 戸外で遊ぶことが楽しいと感じられるように笑顔で接し、子どもたちからも笑顔を引き出す。
- ♥ まずは保育者から関わっていくことで、子どもたちが安心感をもてる雰囲気づくりをする。

職員との連携
- ● 新入園児のようすを職員の間で共有し、保育につなげていく。
- ● 戸外活動の前には、担当する保育者全員で遊び場や遊具などの安全点検をする。

家庭・地域との連携
- ● 保護者には、園での喜怒哀楽のようすや、できるようになったことをていねいに伝える。
- ● 登園前にふだんと異なることがあった場合には、必ず伝えてもらうようお願いする。

食育
- ● 保育者や友だちと一緒に食事し、食べることの楽しさを感じる。
- ● 一人ひとりのペースで食事をする。
- ● 新しい場所、保育者などの環境に慣れ、リラックスして食事をする。

4月 遊びと環境・文例集

健康 ✚　人間関係 ♥　環境 ♣　言葉 ●　表現 ♪

5月 月案・低月齢児

◎ CD-ROM → 📁 1歳児_月案
→ 📁 p50-p53_5月の月案（低月齢児）

5月　低月齢児　月案　さくらんぼぐみ
担任：A先生

今月の保育のポイント

入園したばかりのころは不安で泣いていた子どももしだいに慣れて、周囲への興味をもち始める時期です。少しずつ歩けるようになり、行動範囲が広がります。好きなところへ行ける喜びを受け止め、安全面には十分配慮しながら見守るようにしましょう。

前月末の子どもの姿

- 園生活に慣れ、保育者と遊びを楽しんでいた。
- 自分の意思を保育者に伝えようとする姿が見られた。

	ねらい	内容
健康✚ 人間関係♥ 環境🍀 言葉💬 表現♪	✚ 簡単な着脱に挑戦する。 ✚ オムツがきれいになる気持ちよさを感じる。 ♥💬 自分の気持ちを伝えようとする。 ♥ 保育者との遊びを楽しむ。 💬♪ 言葉のリズムに興味をもつ。	✚ 保育者に着せてもらいながら自分でも服のそでに腕を通したり、服から頭を出してみたりしようとする。 ✚ 保育者に促され、新しいオムツに足を通そうとする。 ♥💬 保育者に自分の気持ちを身振りや言葉で伝えようとする。 ♥♪ 保育者と一緒に好きな遊びをみつけ、じっくり遊ぶ。 💬♪ 保育者の絵本の読み聞かせや手遊びに合わせて手を叩いたり、声を出したりする。

職員との連携

- 引き継ぎの際には、体調の変化について連絡もれのないよう声をかけ合う。
- 連休明けで体調を崩しやすい時期なので、体調の変化について連絡もれのないよう声をかけ合う。

家庭・地域との連携

- 新しい環境になり疲れがみられる時期なので、体調の変化を伝え合い家庭と情報を共有していく。
- 暑くなってきて汗をかく日もあるので、気温の変化に合わせ衣服の調節ができるように、下着や半袖服の用意をお願いする。

養護のねらい

- 手づかみで、自分で食べることを楽しめるようにする。
- 好きな遊びをみつけ、安心して過ごせるようにする。
- 午睡を十分にとり、気持ちよく過ごせるようにする。

健康・安全への配慮

- 休みが間に入るため、一人ひとりの状態に配慮しながら生活リズムを整えていく。
- 新しい環境に慣れ、少しずつ身のまわりのことに興味がもてるよう促す。
- 災害時の役割分担などの確認を行う。

行事

- こどもの日
- 身体測定
- 誕生会
- 避難訓練

5月 月案・低月齢児

環境構成	保育者の関わりと配慮事項
● 着替えやタオルを取り出しやすい場所に置き、自分のものがわかるようにする。 ● 足を通すときに転倒しないようつかまる場所に配慮する。 ● 身振りや言葉の繰り返しを一緒に楽しめる絵本を用意しておく。 ● できるだけ同じ保育者が関わり、興味をもつ玩具を用意する。 ● 言葉の繰り返しやリズムのある絵本を用意する。	● 手伝いながら、少しずつできることを増やし、できたときは喜びを共有する。 ● 「きれいにしようね」と声をかけながら、気持ちよさに共感する。 ● 気持ちをうまく伝えられないときは、保育者が言葉を補いながら子どもの話を聞く。 ● 集中して遊びこめるよう環境を整え、発見や気づきに共感していく。 ● 絵本を読んだり手遊びをしたりすることで、言葉への興味を促す。

食育

- 遊びながらも、手づかみで食べる。
- 食べることに興味をもち、食事が楽しい時間であると感じる。

反省・評価のポイント

- 不安な気持ちを受け止め、配慮できたか。
- 着脱や排泄についてやってみようという意欲につながる援助ができたか。
- 一人ひとりがじっくりと遊べる環境をつくることができたか。

5月 月案・高月齢児

● CD-ROM → ■ 1歳児 _ 月案
→ ■ p50-p53_5月の月案（高月齢児）

5月　高月齢児　月案　さくらんぼぐみ
担任：B先生

今月の保育のポイント

新しい環境に慣れてきた子どもたちも、連休明けには情緒不安定になりがちです。あせらずに生活のリズムを整え、安心して過ごせるようにしていきます。心地よい季節となり戸外遊びも盛り上がりますが、熱中症対策を心がけ、元気に毎日を送れるようにしましょう。

前月末の子どもの姿

- 新しい環境に慣れず、登園時に泣いたり、知っている保育者を追い求める子どももいた。
- 好きな遊びをして一緒に過ごしたり、保育者と1対1でふれあうことで生活に慣れていくようすが見られた。

	ねらい	内容
健康✚ 人間関係♥ 環境♠ 言葉● 表現♪	✚自分で着脱をしてみる。 ✚便器に興味をもち、座ってみようとする。 ♥玩具や好きな遊びをとおして、保育者や友だちとのやりとりを楽しむ。 ●言葉で相手に伝えようとする。 ♪クレヨンでお絵描きすることを楽しむ。	✚保育者の声かけで自らの衣服を着替えようとする。 ✚トイレに行き、便器に座ってみる。 ✚便器に座り、排泄してみようとする。 ♥●おままごとで言葉のやりとりを楽しむ。 ♥●「貸して」「やだ」などの要望を言葉で伝えようとする。 ♪クレヨンに興味をもち、自分から関わって画用紙になぐり描きするなどして遊ぼうとする。

職員との連携

- 園庭や外で遊ぶ機会が増えるので、安全面への配慮について確認をする。
- 連休明けで体調を崩しやすい時期なので、体調の変化について連絡もれのないよう声をかけ合う。

家庭・地域との連携

- 新しい環境になり疲れがみられる時期なので、体調の変化を伝え合い家庭と情報を共有していく。
- 暑くなってきて汗をかく日もあるので、気温の変化に合わせ衣服の調節ができるように、下着や半袖服の用意をお願いする。

養護のねらい

- 他児や保育者と一緒に、楽しみながら食事ができるよう援助する。
- 簡単な衣服の着脱など、一人で行うことが増えるよう促す。
- オムツがきれいになる喜びを共有しながら排泄を援助していく。

健康・安全への配慮

- 気温や湿度に合わせて寝具の調節をしたり、寝汗を拭いて心地よく眠れるようにする。
- 転倒やけがに留意し、全身を動かすことを楽しめるよう見守っていく。
- 災害時の役割分担などの確認を行う。

行事

- こどもの日
- 身体測定
- 誕生会
- 避難訓練

5月 月案・高月齢児

環境構成	保育者の関わりと配慮事項
● 衣服を着脱する十分なスペースを確保しておく。 ● トイレットペーパーは1回分ずつ保育者が用意しておく。 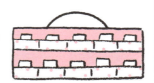 ● 子どもたちが興味を示す玩具を用意する。その際には取り合いにならないよう、一人ひとりが好む玩具を把握し、用意しておく。 ● 友だちを叩いたり押したりしてしまう子どものそばには保育者がつく。 ● 人数分のクレヨンと画用紙を用意する。	● がんばっているときは見守り、できないところはさりげなく援助することで、達成感を味わえるようにする。 ● トイレに行く時間が楽しいと感じられるような声かけを行う。 ● 遊びから生まれる言葉の発達を促し、気づきや思いを自分の言葉で発する姿に共感する。 ● トラブルがあったときには、保育者が仲立ちし、子どもの気持ちを伝える。 ● なぐり描きの楽しさに共感し、一緒に楽しむ。 ● 画用紙にクレヨンで描き、子どもの興味を誘う。

食育

- 保育者に援助されながら自ら食べようとする。
- 友だちの食べる姿を見ながら、自分も苦手なものを食べてみようとする。

反省・評価のポイント

- 気温差や体調に配慮することができたか。
- 身のまわりのことを自分でしようとする気持ちを大切にできたか。

5月 個人案 低月齢児・高月齢児

◎ CD-ROM → ■ 1歳児_個人案
→ ■ p54-p57_5月の個人案（低月齢児・高月齢児）

	低月齢児 Aちゃん 1歳2か月（女児）	低月齢児 Bちゃん 1歳5か月（男児）
前月末の 子どもの姿	♥一人歩きができるようになった。 ♪自ら食べようとするが、ほとんど手づかみで、こぼすことも多い。	♥新しい保育者になり不安を表していたがしだいに慣れ、意欲的に遊ぶようになった。 ▲歩行が安定し、探索活動を楽しむようになった。
ねらい	♪スプーンを使って食事をする。	▲保育者と手をつないで歩くことを楽しむ。
内容	♪こぼしながらも食具を使って、自ら食べようとする。	▲保育者と手をつないで公園に歩いて行き、歩くことや体を動かすことを楽しむ。
保育者の 援助	●スプーンやフォークをもった手に保育者の手を添えて援助をする。 ●そばで見守り、上手に食べられたときには喜びに共感する。	●保育者や他児と手をつなぐことを促す。 ●散歩に行くときには、事前に保育者同士で危険なものがないか伝え合い、共有する。
振り返り	●自ら食具で食べることもあったが、「食べさせて」と訴えてくることも多かった。 ●「スプーンで食べるとおいしいね」などの声かけや援助を続けていく。	●体力がついてきて歩く距離も増え、保育者や他児と歩くことを楽しんだ。 ●広範囲での探索を楽しむことができるよう、しっかりと近くにつき、見守っていく。

ポイント！ 保育者の思い

歩行が安定し、自分から環境に関わろうとしたり、自分の意思でしたいという意欲が高まったりする時期です。

🔺…運動　🎵…食事　🐤…排泄　👕…身のまわり　❤…人間関係　💬…言葉　✚…健康・安全　Ｙ…学びの芽

高月齢児 Cちゃん 1歳11か月（男児）	高月齢児 Dちゃん 2歳（女児）
👕 靴や靴下を履こうとするが、できないと保育者に渡し、介助を求める姿が見られた。	💬 保育者の言葉をオウム返しするようになった。 ❤ 新しい担任とすすんで関わろうとしていた。
👕 靴や靴下を自分で履く。 	💬 自分の要求を言葉で保育者に伝えようとする。
👕 保育者の声かけにより、自ら靴や靴下を履く。	💬 「いや」「やって」などの要求や気持ちを保育者に言葉で伝えようとする。
💬 靴や靴下を履きやすいように置く。 💬 着脱の際には見守り、できたときには喜びを共有する。	💬 本児のペースに合わせじっくり関わり、要求や気持ちを受け止めるようにする。 💬 言葉が出るようになった一方で、手が出る姿も見られるため、他児との関わりを言葉で代弁・仲立ちする。
💬 自分で靴や靴下を履こうとする姿があった。短めの靴下は履けるようになった。 💬 引き続き本児が意欲的に着脱できるよう励ましていく。	💬 保育者に促されると言葉に出すことができるが、泣いて表現することが多い。 💬 「どうしたの？」など声かけをして、気持ちを聞くようにする。

ポイント！保育者の思い
「いやいや」は「自分でやりたい」という気持ちの表れでもあります。子どもの要求を保障しつつ生活面の配慮を行っていきましょう。

5月 個人案 配慮事項・発達援助別

◎ CD-ROM → ■ 1歳児 _ 個人案
→ ■ p54-p57_5月の個人案（配慮事項・発達援助別）

	発達援助 ▲運動 1歳3か月（男児） 2～3歩歩くようになった	発達援助 ♥人間関係 1歳5か月（女児） 抱っこを嫌がる
前月末の子どもの姿	▲2～3歩歩けるようになった。 ▲歩くことが楽しいというようすを見せていた。	♥4月の初めには保育者に「抱っこ」と甘えていたが、しだいに抱っこを嫌がるようになった。 ♥他児たちに慣れ、遊びに入れてもらいたそうにしていた。
ねらい	▲歩いて移動することを楽しむ。	♥遊びのなかで他児と関わろうとする。
内容	▲保育者と手をつないで公園まで歩き、歩くことを楽しむ。	♥他児と遊ぶ楽しさを味わう。
保育者の援助	●手をつないでたくさん歩いてみようと、安全に歩くことを促す。 ●公園までの道のりは危険がないか、事前に保育者が確認しておく。	●一人でいるときには、「みんなと遊ぼう」と声かけをする。 ●他児と遊んでいるときには、そばで見守り、楽しく遊べるようにする。
振り返り	●歩行がしっかりとしてきたためか、手をつなぐことを嫌がるときもあった。	●保育者と1対1でいる時間が減り、他児のなかで楽しそうに遊んでいることが多くなった。
保護者への配慮事項	●歩行はしっかりしてきたが、転倒によるけがを防ぐために手をつないで歩くように伝える。	●園では甘えることが減ったが、保護者にはまだ甘えることが多いかもしれないので甘えたい気持ちを受け止めるよう伝える。

ポイント！保育者の思い

2～3歩歩けるようになったと思っていたら、ずいぶんしっかりと歩けるようになりました。危険がないよう見守りましょう。

抱っこを嫌がるようになったのは成長の証です。友だちと遊びたいという気持ちが芽生え、大きく育ってきたようですね。

…運動　　…食事　　…排泄　　…身のまわり　　…人間関係　　…言葉　　…健康・安全　　…学びの芽

気になる子 ♥人間関係 1歳7か月（男児） **他児とのトラブルが増えた**	気になる子 ▲運動 1歳8か月（女児） **姿勢の保持が安定しない**
♥他児と積極的に遊べるようになった。 ♥玩具のとり合いやかみつきなど、他児とのトラブルが増えた。	▲体に障がいがあり、姿勢を保つことが難しい。 ▲まわりにクッションを置けば、座位の姿勢を保って遊ぶことができる。
♥我慢しなければならないときがあることを理解する。	▲クッションなしで座位を保てるようにする。
♥「貸して」「どうぞ」と言って、遊具の貸し借りをする。 ♥ものの貸し借りごっこをして遊ぶ。	▲クッションがなくても、座位を保ち、手を使って玩具で遊ぶ。
●遊具をひとり占めしているときには、他児が使いたがっていることを伝える。 ●遊具は皆のものであることを理解できるようにし、上手に貸し借りができたときにはほめる。	●徐々にクッションの数を減らしたり、より柔らかい感触のものにかえたりする。 ●そばに必ず保育者がいるようにし、転倒を防ぐ。
●少しずつ貸し借りが上手にできるようになり、ほめるとうれしそうにしていた。	●手でバランスがとれるようになってきており、少しのクッションで座位を保てるようになってきた。
●家でも、保護者とものの貸し借りのやりとりをしてもらうようにお願いする。	●転倒やけがの防止のために、必要な環境について、家庭と共有しておく。

5月　個人案　配慮事項・発達援助別

わがままを言えるようになるのも成長ですが、友だちと譲り合えるように見守っていきましょう。

転倒を防ぐように、保育者の配置を事前に打ち合わせておきましょう。

5月 週案

●CD-ROM → ■ 1歳児_週案→p58-59_5月の週案

誕生会

5月　週案　さくらんぼぐみ
担任：A先生（低月齢児）
　　　B先生（高月齢児）

 予想される子どもの姿

- 連休明け、生活リズムの乱れや疲れ、情緒不安定が見られる子どももいる。
- 気候が安定し、活発に活動するようになる。
- 新しい環境に慣れ、落ち着いて活動に取り組めるようになる。

✚…健康　♥…人間関係　▲…環境　●…言葉　♪…表現

	5月○日（月）	5月○日（火）	5月○日（水）	
活動予定	園周辺散歩（園近くの公園の散策） ※気候がよい5月は、外での活動を積極的に取り入れましょう。	園庭遊び（ボール遊び、遊具）	誕生会	
内容	♥保育者と手をつないで歩く。 ▲植物や昆虫をみつけてじっと観察したり、ふれようとしたりする。	♪好きな遊びをみつけ、自由に楽しむ。 ✚ボールを使って、思いきり体を動かす。	♥皆で誕生児をお祝いすることを楽しむ。 ●「おめでとう」「ありがとう」と言おうとする。 ※皆でお祝いするようにします。	
環境構成	●散歩コース、公園での安全を確認しておく。 ●ワゴンに乗る子どもと手つなぎ散歩する子どもにグループを分ける。	●園庭と固定遊具の安全を確認しておく。 ●ボールやフラフープを用意しておく。	●折り紙でつくった飾り、パネルシアター、誕生日カードを用意しておく。 ●子どもたち自身で飾りつけをし、祝う・祝われる喜びが感じられるようにする。	
保育者の配慮	●まだ歩行が安定しないので、転倒しないよう注意し、急がせないようにする。	●やさしく声をかけながら子どもたちを見守る。 ●自発的な行動を見守りながら、適宜遊びに誘う。	●皆で誕生児をお祝いする雰囲気をつくる。 ●無理なく参加できているか、子どものようすに気を配る。	

🎯 ねらい

- 落ち着いて生活をする。
- 保育者との関わりを楽しむ。
- 自由な発想を表現することを楽しむ。

✅ 振り返り

連休明けは、疲れからぐずったり甘えたりする子どもが多く見られたが、2〜3日で落ち着いた雰囲気を取り戻した。クレヨンで絵を描いているときには友だちの描き方や色に興味をもって近づくようすがあった。

	5月○日（木）	5月○日（金）	5月○日（土）
	室内遊び（クレヨン）	室内遊び（新聞紙遊び）	異年齢保育 園庭遊び
	♪クレヨンを使って、のびのびとなぐり描きする。 ♪少人数のグループで大きな紙に描くことを楽しむ。	♪新聞紙にふれ、ちぎったり丸めたりする感触を楽しむ。	♪固定遊具、ボール遊びなど、好きな遊びをする。
	●クレヨンが足りなくならないように十分な数を準備しておく。 ●大きな紙、個人用の画用紙など各サイズを用意する。	●丸めた新聞紙をくっつけたり、色を塗ったりできるようテープや画材も用意する。	●砂遊びなどで異年齢の子どもとふれあう機会をつくる。
	●のびのびと色を使うことを楽しめるように声をかける。 ●一人で描きたい子には無理強いしない。	●子どもの自由な発想を受け止め、柔軟に遊びを展開する。 ●丸めた新聞紙の誤飲などがないように注意して見守る。	●異年齢の子どもと過ごすなかで、無理はさせずふだんのペースを崩さないようにする。

> 一人ひとりに目を配り、各自のペースで取り組めるようにします。

5月 週案

5月の遊びと環境

その① おままごと

用意するもの しきもの、皿やコップなどの容器、葉、花びら

- 園庭に敷きものを敷き、春の植物（花びら、葉）でおままごと
- 水に花びらをうかべたジュース
- 葉っぱと花びらを紙皿にのせる

環境のポイント
園庭で遊ぶときには、事前に安全点検をしましょう。

活動の内容
- 見立て遊びをとおして保育者とのやりとりを楽しむ。
- 花びらや葉の色、形、感触を楽しむ。

その② ボール遊び

用意するもの ボール、フープ、ペットボトル

- フープの中にボールを投げたり転がしたりして入れる。
- 慣れてきたら……
- ペットボトルのボーリング

環境のポイント
子どもたちが思いきり体を動かせるよう、スペースを広くとりましょう。

活動の内容
- ボールを使って思いきり体を動かす。
- 投げる、転がすなどの動作を経験する。

5月の文例集

◉ CD-ROM → ■ 1歳児 _ 季節の文例集 → p61_5月の文例集

前月末の子どもの姿
- ● 4月の連休明けの登園時には親と離れ離れになって泣く子どもが見られた。
- ● 園生活に慣れ、保育者と遊びを楽しむ姿が見られた。

養護のねらい
- ● 保育者が手伝いながら、食事の前後で手を清潔にすることの気持ちよさを感じられるようにする。
- ● 明るくのびのびと園生活を送れるよう援助する。

健康・安全への配慮
- ● 連休明けには、4月はじめの状態に戻る子どももいるので配慮する。
- ● 感染症にかかっている子どもがいないか観察する。
- ● 食事をきちんととれているか注意して見守る。

ねらい
- ♪ 自分の好きな遊びをみつける。
- ● 言葉に興味をもつ。
- ▲ 散歩の際に、花や虫に興味をもつ。

内容
- ♪ 保育室内に置かれた玩具のなかから、自分で好きなものを選んで遊ぶ。
- ● 保育者が読み聞かせる絵本に出てくる簡単な言葉を一緒に声に出してみる。
- ▲ 保育者と一緒に花や虫を観察する。

環境構成
- ♪▲ 子どもが遊びやすい玩具を選び、手の届くところに置くようにする。
- ● 同じ言葉の繰り返しや、リズム感のある絵本を用意する。

保育者との関わりと配慮事項
- ♪● 迷っている子どもには「どれにしようか？」と声かけし、自分の意思で選べるようにする。
- ▲ 絵本を一緒に見ながら、絵本を大切に扱うことも教えていく。

職員との連携
- ● 子どもの体調に注意し、体調の悪い子どもがいたら職員全員で共有する。
- ● 子どもに不安そうなようすが見られるときは、前年度の担任保育者が関わるなど、臨機応変に対応する。

家庭・地域との連携
- ● 連休中のようすを保護者から聞き、園での保育の参考にする。
- ● 日中の園での活動で疲れていることがあるので、帰宅後は休養できるよう保護者にお願いする。

食育
- ● 園庭の菜園でつくっている作物の成長に興味をもつ。
- ● 食事のときに出されている野菜の名前を1つずつ口に出してみる。

健康 ✚　人間関係 ♥　環境 ▲　言葉 ●　表現 ♪

5月 遊びと環境・文例集

6月 月案・低月齢児

◎ CD-ROM → 📁 1歳児 _ 月案
→ 📁 p62-p65_6月の月案（低月齢児）

6月　低月齢児　月案　さくらんぼぐみ
担任：A先生

今月の保育のポイント

新しい環境に慣れ、遊びや友だちとのやりとりにも積極的な態度が目立つようになってきます。梅雨の時期を快適に過ごすため、室内遊びの準備を充実させておきましょう。衛生面の安全を守るためには、特に慎重な取り組みが必要です。

前月末の子どもの姿

- 連休明けは泣く子どもが見られたが、中旬ごろより落ち着いて過ごせるようになった。
- 新しい環境に慣れ、好きな遊びに集中する姿が見られた。

	ねらい	内容
健康 ✚ 人間関係 ♥ 環境 ▲ 言葉 💬 表現 ♪	✚衣服の着脱に興味をもつ。 ✚苦手な食材でも食べてみる。 ♥好きな遊びをみつけ、保育者と一緒に遊ぶ。 ♥保育者との応答的な関係を深める。 ♪水やどろにふれ、感触遊びを楽しむ。 ▲戸外活動で草花や生き物にふれ、自然に興味をもつ。	✚オムツに足を通そうとする、ズボンを下げるなどを自分でしてみようとする。 ✚友だちが食べているのを見て、「あと一口」と自分から食べてみようとする。 ♥保育者に見守られながら積み木などの玩具で遊ぶ。 ✚💬自分の思いを安心して身振りや喃語で表現する。 ♪水やどろを怖がらず、興味をもって遊ぶ。 ♪▲園庭や、公園で興味のあるものに自分から近づいたり、指で差したりする。

職員との連携

- 室内で体を動かせる遊びや、雨の日を楽しむ工夫を保育者間で話し合う。
- 子どもの行動範囲が広がるので、遊びの場の安全確認、保育者の目配りを確認する。

家庭・地域との連携

- 暑くなり着替えが多くなるので、着脱しやすい衣服の調整をお願いする。
- 水やどろにふれる遊びを行う場合、必要なものを保護者に伝えておく。

養護のねらい

- 自分でやろうとする気持ちを大事にしながら適切に援助する。
- 遊びや食事をとおして、保育者や友だちとのやりとりを楽しめるようにする。
- 子どもの甘えたい気持ちや不安な気持ちを受け止め、安心して過ごせるようにする。

健康・安全への配慮

- 気温や湿度に合わせて寝具や衣服を調節し、水分補給にも気を配る。
- 湿気がたまりやすい時期なので、晴れた日にはカーペットやぬいぐるみを干しておく。
- 食品や食器の管理、手洗いなど、衛生面の管理を徹底する。

行事

- 身体測定
- 歯科検診
- 誕生会
- 避難訓練

6月　月案・低月齢児

環境構成	保育者の関わりと配慮事項
● 必要な動作をゆっくり説明しながら、手足が通しやすいように援助する。 ● 食がすすまない子どもも楽しく食事ができる雰囲気をつくる。 ● 集中できているようなら保育者は遊びに介入せず、少し距離をとって見守る。 ● 保育者が個別に関わる時間をつくり、子どもたちが気持ちを自由に表せるようにする。 ● 感触遊びにしりごみする子どもには、少しずつ慣れるようにする。 ● 多くの自然物にふれられるよう、事前に散歩のルートを検討し、工夫する。	● がんばりを見守り、できたときはほめたうえで適切に手助けする。 ● 食材や料理の名称を口に出し、好奇心を誘う。食べられたことを一緒に喜ぶ。 ● 遊びが上手にできているのを保育者に見ていてほしいという子どもたちの気持ちを受け止める。 ● 一人ひとりの子どもが、保育者に受け止められている安心感をもてるようにする。 ● どろや砂に触ったあとは、一緒に手を洗い清潔にする。 ● 水を使ったり植物にふれたりする際は、事故がないよう保育者同士で十分に検討する。

食育

- 友だちが食べている姿を見て、自分も苦手なものを食べようとする。
- 食事の前には、両手をこすり合わせてしっかり手を洗う。

反省・評価のポイント

- 意欲的に挑戦できるような声かけを行えたか。
- 一人ひとりが安心して、要求を表現できるよう配慮できたか。
- 衛生面の安全管理について、予防的な取り組みができたか。

6月 月案・高月齢児

CD-ROM → 1歳児_月案
→ p62-p65_6月の月案（高月齢児）

6月　高月齢児　月案　さくらんぼぐみ
担任：B先生

今月の保育のポイント

梅雨の時期は室内でも蒸し暑くなるため、汗をかいたらこまめに拭いたり着替えたりするなど、快適に過ごせるようにします。室内遊びのバリエーションを多く用意することに加え、雨をおもしろく不思議に思う子どもの視点を、自然への興味につなげていきましょう。

前月末の子どもの姿
- 新しい環境に慣れ、安心して過ごす姿が増えた。
- 友だちの動きやもっているものに興味をもち、まねをして遊ぶ姿が見られた。

	ねらい	内容
健康✚ 人間関係♥ 環境⬆ 言葉💬 表現♪	✚清潔に過ごす心地よさを感じる。 ✚安心感をもって午睡の時間を過ごす。 ♥友だちと同じ遊びをする楽しさを知る。 💬♪絵本を繰り返し楽しむ。 ♪雨の不思議を感じ、興味をもつ。	✚食事中に手や口が汚れたら拭こうとする。 ✚保育者のぬくもりを感じながら安定した気持ちで午睡の時間を過ごす。 ♥玩具や遊びを通じて友だちに興味をもち、関わろうとする。 💬♪保育者と一緒に同じ言葉を繰り返す。 ♪水たまりで遊んだり、葉っぱの上の水滴を発見したりする。

職員との連携
- 室内で体を動かせる遊びや、雨の日を楽しむ工夫を保育者間で話し合う。
- 子どもの行動範囲が広がるので、遊びの場の安全確認、保育者の目配りを確認する。

家庭・地域との連携
- 暑くなり着替えが多くなるので、着脱しやすい衣服の準備をお願いする。
- 傘やレインコート、レインハットなどにも記名をお願いする。

養護のねらい

- 手洗い、口を拭くなど、清潔にする心地よさを感じられるようにする。
- 保育者に見守られながら、好きな遊びに集中できるよう、環境づくりに配慮する。

健康・安全への配慮

- 衣服の調節に気を配り、梅雨の時期を健康で快適に過ごせるようにする。
- 湿気がたまりやすい時期なので、晴れた日にはカーペットやぬいぐるみを干しておく。
- 食品や食器の管理、手洗いなど、衛生面の管理を徹底する。

行事

- 身体測定
- 歯科検診
- 誕生会
- 避難訓練

6月 月案・高月齢児

環境構成	保育者の関わりと配慮事項
● 食事の際は一人ひとりの横にお手拭きを準備する。	●「きれいになったね」などと声かけし、清潔にする心地よさを共有する。
● 心地よく午睡の時間が過ごせるよう、子どもたちの汗を拭いたり、気温や湿度によって寝具を調節したりする。	● 落ち着かない子どもに寄り添い、背中をやさしくトントンするなどして安心感を与える。
● 押し合いなどのトラブルがないよう、少人数のグループに分け、コーナーをつくる。	● 子どもたちの気持ちを測りつつ、トラブルになりそうなときは仲立ちをする。
● 言葉を発しやすい落ちついた雰囲気づくりをする。	● 保育者もともに楽しみながら、言葉を獲得していけるよう声をかける。
● アジサイやカエル、カタツムリなど、梅雨に関連する生き物の絵本で興味を広げる。	● 雨にぬれたり、汗をかいたりした場合は、体が冷える前に拭きとる。

食育

- 食事の前には、両手をこすり合わせてしっかり手を洗う。
- 知っている食材の名前を口にすることを楽しみながら食べる。

反省・評価のポイント

- 気温差や体調に配慮することができたか。
- 落ち着いて遊びに取り組める雰囲気をつくれたか。
- できるようになったこと、新しい発見を子どもとともに喜べたか。

6月 個人案 低月齢児・高月齢児

◎ CD-ROM → 📁 1歳児_個人案
→ 📁 p66-p69_6月の個人案（低月齢児・高月齢児）

	低月齢児 Aちゃん 1歳3か月（女児）	低月齢児 Bちゃん 1歳6か月（男児）
前月末の子どもの姿	♪食具がうまく使えないなど、思い通りにいかないと泣くことがあった。 ♥保育者と手をつなぎ短い距離を歩くようになった。	Y積み木遊びが好きになり、保育者や他児の声かけにも反応せず1人で集中して遊ぶ姿が見られた。 👕排泄後、しぐさで知らせるようになった。
ねらい	▲靴を履いて歩く。 	♥遊びをとおして、他児との関わりをもとうとする。
内容	▲靴を履くことに慣れ、保育者と手をつなぎ戸外で安定して歩く。	♥遊びのなかで、他児と楽しい気持ちを共有する。
保育者の援助	●バランスが十分ではないので、戸外では必ず手をつなぎ転倒しないように注意する。 ●日常生活のなかで、歩行することにちょっとした遊びを取り入れ意欲を促す。	●好きな遊びをしているところに、保育者が他児を誘い入れ、遊びを見守る。 ●保育者が介入して遊びの仲立ちをし、他児とやりとりができるようにする。
振り返り	●気持ちが乗らないと移動せず、抱っこを求めることもあった。 ●抱っこを求めるときには抱っこし、安心できるように援助していく。	●他児と一緒にいるのを嫌がることはないが、まだとまどいが見られた。 ●遊びのなかで他児との関わりを見守りながら、相手が嫌がっているときにはその都度声をかけていく。

ポイント！保育者の思い

園の生活にも慣れ、他児への関心も出てきますが、まだ自分からは遊びに誘うことは難しい時期です。保育者が仲立ちしていきましょう。

👕…運動　🎵…食事　🦆…排泄　👕…身のまわり　❤…人間関係　💬…言葉　✚…健康・安全　Y…学びの芽

高月齢児
Cちゃん　2歳（男児）

- 👕ズボンに足を通したり、パジャマをもってくるなど、衣服への興味がすすんだ。
- 🦆ときどき、トイレで排尿できるようになった。

- 🦆便器で排尿をする。

- 🦆尿意を保育者に伝える。
- 🦆トイレに座り自ら排尿しようとする。

- 💬先回りしすぎずに、トイレに行きたそうなようすに気づいたら適切に声かけする。
- 💬失敗しても、挑戦したことをほめて意欲につなげる。

- 💬トイレで排尿できたことが自信になったのか、衣服の着脱にもより積極的になった。
- 💬本児のタイミングでトイレに行くようにし、成功したときには一緒に喜んでいく。

高月齢児
Dちゃん　2歳1か月（女児）

- ❤連休明けに体調を崩したあと、やや赤ちゃん返りが見られ消極的になった。
- 💬言葉への興味が強く、戸外での探索のときには自然物の名前を保育者に「これなあに？」と聞くようになった。

- 👕戸外での遊びや探索を楽しむ。

- 👕体を動かす遊びや、戸外で自然物にふれることを楽しむ。

- 💬保育者が率先して体を動かすことを楽しむ姿を見せ、遊びに誘っていく。
- 💬梅雨時だが、晴れている日は園庭や公園など外で遊べるようにする。

- 💬探索しながらまわりの草花に関心を抱き、「これなあに」と保育者にしきりに尋ねていた。
- 💬「あじさいだよ」などと答えながら、本児の言葉への興味を促していく。

ポイント！保育者の思い

梅雨の時期は、室内で過ごすことが多くなるので、晴れた日には、戸外の活動を積極的に行うようにしましょう。

6月　個人案　低月齢児・高月齢児

6月 個人案 配慮事項・発達援助別

◎ CD-ROM → 📁 1歳児_個人案
→ 📁 p66-p69_6月の個人案（配慮事項・発達援助別）

	発達援助 ♥人間関係 1歳4か月（女児） **登園時に泣くことが多い**	発達援助 🥄食事 1歳5か月（男児） **遊び食べをする**
前月末の 子どもの姿	♥保育者にも慣れ、楽しく遊んでいる姿が見られるようになった。 ♥登園時に泣くことが増えた。	🔺歩けるようになったため、自分で動き回るようになった。 🥄昼食やおやつのときに遊び食べをするようになった。
ねらい	♥機嫌よく登園する。	🥄座って食事をする。
内容	♥登園したときに関心を他児や保育者に向ける。	🥄保育者の声かけで、座っていられる時間を長くしていく。
保育者の 援助	●保育者が「おはよう」と声かけをし、明るく迎えるようにする。 ●「○○ちゃんがもうきて遊んでいるよ」と声かけをして、保育室に関心が向くようにする。	●食事のときは立たないことを、少しずつ理解させていく。 ●遊び食べも成長の段階であるととらえ、徐々に食べることに集中できるように見守る。
振り返り	●4月の入園から時間がたち、緊張がゆるんだためか、かえって登園時に母親を追うようになった。引き続き見守っていきたい。	●歩くことが楽しくなったため、動きたいという気持ちが強く、その影響から遊び食べが始まったようだった。
保護者への 配慮事項	●泣いているのは登園時だけであること、登園時に泣くことはよくあることと伝え、安心してあずけられるようにする。	●遊び食べは成長の過程なので心配しなくてもよいことを伝え、食事のときは立たないことを習慣づけるよう協力してもらう。

ポイント！保育者の思い

園に入ったばかりの緊張が一段落したこの時期に泣く子どももいます。保育者や友だちに感心が向くよう見守っていきましょう。

歩けるようになり、食べる以外にもいろいろなことに興味が向いています。徐々に食事に集中できるよう、援助していきましょう。

🔺…運動　🎵…食事　🦆…排泄　👕…身のまわり　❤…人間関係　💬…言葉　✚…健康・安全　🌱…学びの芽

気になる子　🌱学びの芽	発達援助　💬言葉
1歳7か月（女児） **絵の具の感触を嫌がる**	1歳9か月（男児） **話すことが好き**
✚まだ園に慣れず不安そうなようすはあるが、意欲的に遊ぶ。 🌱絵具やどろなどのべたっとした感触を嫌がる。	💬二語文を話すようになった。 💬言葉と身振り、手振りを交えて話しかけていた。
🌱さまざまな感触を楽しむ。	💬言葉を使って気持ちを表す。
🌱スポンジや布をぬらしたり、紙を破いたりして、その変化や感触を楽しむ。	💬保育者に思ったことを言葉で伝える。
●スポンジの色や重さが変わったり、しぼると水が出ることを一緒に楽しむ。 ●本児が苦手でない、楽しめる感触を少しずつ経験させ広げていく。	●意味がわかりにくくても、できる限り話の内容を聞きとり、言葉を返すようにする。 ●話しかけてきたときには、その場で聞くようにする。
●水遊びを好み、スポンジや布をギュッとしぼることを楽しんだ。	●言葉を話すことが楽しくて、誰にでも話しかけるようになった。
●わがままではなく、感触をほかの子より敏感に感じてしまっている可能性があることを伝える。	●家庭で保護者に話しかけたときには、できる限り聞いてあげてほしいことを伝える。

絵の具の感触を嫌がるときには、触覚過敏の可能性があるため、無理強いせず、少しずつ大丈夫なものを増やしていきましょう。

言葉がたくさん頭のなかにつまっているようで、次々と話しかけてくる時期です。忙しくても、必ず聞いてあげましょう。

6月　個人案　配慮事項・発達援助別

6月 週案

CD-ROM → 1歳児_週案→ p70-71_6月の週案

梅雨

6月　週案　さくらんぼぐみ
担任：A先生（低月齢児）
　　　B先生（高月齢児）

 予想される子どもの姿
- 戸外や室内で動き回って遊ぶ。
- 身のまわりのことに興味をもち、自分でやってみようとする。
- 梅雨に入り、気温や湿度の変化から体調を崩しやすい。

✚…健康　♥…人間関係　▲…環境　●…言葉　♪…表現

	6月○日（月）	6月○日（火）	6月○日（水）
活動予定	室内遊び（リズム遊び）　　　　　→		室内遊び（巧技台、マット）
内容	✚保育者のまねをしながら、体を動かすことを楽しむ。 はじめてのリズム遊びは、保育者のまねを楽しむことからスタートします。	♪リズムの心地よさを感じる。 ♪音楽に合わせて体を動かそうとする。	✚斜面やマットを上ったり下りたりして楽しむ。 ✚体を思いきり動かして遊ぶ。 6月は室内遊びが多くなりがちですが、遊具を上手に使って体をしっかり動かします。
環境構成	●皆で楽しむことができるよう簡単な振りつけやポーズを設定する。 ●手拍子や足踏みだけでも楽しめるような選曲をする。	●自由に体を動かせる雰囲気をつくる。 ●のびのび体を動かせるよう、スペースを十分に確保する。	●楽しみながら体の使い方を体得できるように援助する。 ●危険がないようにそれぞれの巧技台に保育者を配置する。
保育者の配慮	●保育者が楽しんで体を動かしている姿を見せる。 ●参加しない子には無理強いせず、ようすを見て誘う。	●子どもたちのようすに合わせて環境や用いる音楽などを変えていく。	●保育者に見守られている安心感に包まれて、はじめての遊びにも挑戦できるようにする。

🎯 ねらい

- 戸外や室内でしっかりと体を動かす。
- 保育者や友だちと一緒に過ごすことを楽しむ。
- 好きな遊びをみつけ、集中して取り組む。

✅ 振り返り

蒸し暑い日が続いたので、活動の間に水分をこまめに補給した。雨上がりの戸外探索では、水たまりやどろ、葉っぱや花の上のしずくなどを発見し、ふれるのを楽しんでいる子どもの姿が見られた。

6月○日（木）	6月○日（金）	6月○日（土）
園周辺散歩 　 **雨が降っていない日は、外での活動を考えましょう。**	室内遊び（小麦粉粘土）	異年齢保育 室内遊び（ティッシュボックスの積み木）
🔺気候や自然物の変化を発見し、興味をもつ。	♪粘土を丸めたり、ちぎったりするなど、感触を楽しんで遊ぶ。	♪自分の好きな遊びをみつけて楽しむ。 ♪ティッシュボックスの積み木で皆で一つの大きな作品をつくる。
●雨天の場合は園庭内で散歩を楽しめるよう用意しておく。 ●梅雨の生き物「カタツムリ」が登場する絵本や歌を用意する。	●ままごとなどに展開できる準備（皿、スプーン）をしておく。	●ティッシュボックス、牛乳、お菓子の空き箱を用意しておく。
●園庭の菜園や植物の小さな変化に注目できるように促す。 ●雨や自然の不思議について感じたことを子どもに伝え、共有していく。	●つつく、ちぎる、丸めるなどさまざまな遊び方を試すように援助する。 ●小麦アレルギーのある子どもがいないか事前に確認する。	●作品をつくるときに年上の子どもたちとトラブルがないよう、仲立ちをする。

6月 週案

6月の遊びと環境

その① 水たまり遊び

活動の内容
- 水たまりに入ってみる。
- 水たまりに自分の姿が映っていることに気づく。

環境のポイント
園庭の中で水たまりができやすい場所を事前にチェックしておきましょう。園庭も雨が降ったあとなどはいつもと異なる環境になります。

その② ティッシュボックスの積み木遊び

用意するもの ティッシュボックスや牛乳パック、お菓子の空き箱

いろいろな大きさの空き箱で積み木をつくっておく

慣れてきたら……

接着して門やタワーをつくりくぐって遊ぶ

もっと積めるかな？

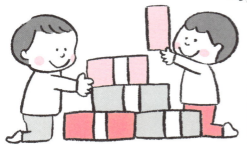

環境のポイント
皆で大きな作品をつくったら、写真に撮って保育室に飾りましょう。

活動の内容
- ティッシュボックス、牛乳パックを積むことを楽しむ。
- 他児と一緒に大きなものをつくる。

6月の文例集

◉ CD-ROM → 📁 1歳児 _ 季節の文例集→ p73_6月の文例集

前月末の子どもの姿

- 連休明けで落ち着かなかった子どもも、園での生活リズムに慣れて活動的になってきた。
- 保育者に身振り、手振りで自分の気持ちを伝えようとする姿があった。

養護のねらい

- 気温が上がり疲れやすくなってくるので、午睡をしっかりとれるようにし、午後の活動に備える。
- 子どもたちが保育者と安心感をもって過ごせるよう、スキンシップをしっかりとる。

健康・安全への配慮

- 湿度が高く食中毒が発生しやすい時期なので、衛生面には十分に注意する。
- 梅雨に入り温度・湿度の差が大きくなるので、室内の環境整備に配慮する。

ねらい

- ♥受け入れてもらえる安心感のなかで、保育者とのやりとりを楽しむ。
- ♪いろいろな音を表現する。
- ✚パジャマを着ることに興味をもつ。

内容

- ♥身振り、手振り、言葉など、自分が使える方法で保育者とのやりとりを楽しむ。
- ♪雨の音など、自然の音を言葉にしてみる。
- ✚保育者の援助を受けながら、パジャマに自分の手足を通そうとする。

環境構成

- ♥子どもが自分の方法で気持ちを表現できるよう、ゆったりと余裕をもって接する。
- ♪🌳自然の音に耳を傾けることができるよう小さな声で話す。

保育者との関わりと配慮事項

- ♥子どもが気持ちを伝えてきたときは復唱し、気持ちが伝わった喜びを感じられるようにする。
- ♪🌳「雨降ってるね。どんな音かな」と声かけし、保育者も音をまねるなどして子どもに働きかける。

職員との連携

- 雨の日の活動を相談し、室内でも体を動かし楽しく過ごせるようにする。
- 室内・戸外ともに、子どもが転倒したり、けがをしたりしないよう見守っていく。

家庭・地域との連携

- 汗をかく季節なので、汗を吸いやすい素材の着替えをもってきてもらうよう保護者に伝える。
- 子どもたちが参加できる地域の行事を確認し、地域の人たちと交流する機会を設ける。

食育

- 食事前には手を洗う。おしぼりで手を拭き、手を清潔にすることの気持ちよさを感じる。
- 食べ物に関連する絵本を見て、食材に興味をもつ。

6月 遊びと環境・文例集

健康 ✚　人間関係 ♥　環境 🌳　言葉 💬　表現 ♪

7月 月案・低月齢児

CD-ROM → 1歳児_月案
→ p74-p77_7月の月案（低月齢児）

7月　低月齢児　月案　さくらんぼぐみ
担任：A先生

今月の保育のポイント
食事や排泄、着替えに少しずつ興味をもち、自分でやってみようとするようすがよく見られるようになっています。体力もつき、活動的になってきたぶん、転んだりけがをしたりする危険も増えます。常に目配りを欠かさないよう留意しましょう。

前月末の子どもの姿
- 友だちや保育者と一緒に活動を楽しむ姿が増えていった。
- 言葉で意思表示できないもどかしさから叩く、かみつくといった行為が見られた。

	ねらい	内容
健康✝ 人間関係♥ 環境🌲 言葉💬 表現♪	✝水遊びで、思いきり体を動かす。 ♪水遊びのなかで、全身で水の感触や冷たさ、音などを楽しむ。 ♥保育者と一緒に遊ぶことを楽しむ。 ♥💬要求だけでなく、喜びの気持ちなどを言葉や身振りで伝える。 ♪指先を使う遊びを楽しむ。 ✝🌲季節の食べ物に興味をもつ。	✝♪バケツやじょうろを使って、水をくんだり流したりして遊ぶ。 ♪水に手を入れてパシャパシャと音をたてたり、水に玩具を浮かべたりして遊ぶ。 ♥遊びのなかのやりとりを楽しみ、意思表示をしようとする。 ♥💬うまく言葉にならなくても、言葉や身振りで要求や気持ちを伝えようとする。 ♪🌲色や形の違う積み木やブロックを自分なりに組み合わせて遊ぶ。 ✝🌲近くの畑を訪ね、野菜や果物が育つようすを見学し、興味をもつ。

職員との連携

- 水遊び、遊びのあとのシャワーや身支度が、安全かつスムーズに行えるよう手順を確認する。
- この時期に流行しやすい「とびひ」「手足口病」などの症状について理解を深め、保健だよりに注意点を記載する。

家庭・地域との連携
- タオルやプールバッグなどに記名をお願いする。
- 季節の野菜や果物などを栽培している地域の方に、見学をお願いする。

養護のねらい
- 着替えの回数が増えるのを機に、少しずつ自分で着脱する機会を増やして、自立心が芽生えるのを支援する。
- 戸外の活動が増えるため、十分な休息をとって疲れを残さないようにする。

 健康・安全への配慮
- プールや水遊びの用具に破損がないか、安全点検を行う。
- 戸外では帽子をかぶる。日ざしが強いときは日陰に入る。
- 避難訓練では、子どもたちを運んだり、安全に誘導する方法について確認しておく。

 行事
- プール開き
- 七夕まつり
- 身体測定
- 誕生会
- 避難訓練

7月 月案・低月齢児

環境構成	保育者の関わりと配慮事項
● 水の事故の可能性を十分に確認し、保育者の配置を万全に整える。 ● 感触だけでなく、耳や目で水を楽しむ遊びを工夫して取り入れる。 ●「どうぞ」「ありがとう」などの言葉を、機を見て保育者が代弁する。 ● 思いを伝えやすいように1対1で関わる時間をつくる。 ● 保育者が手本を見せ、楽しむなかで自分もやってみようという気持ちを育む。 ● 地域の農家に畑の見学をお願いしておく。	● 水が苦手な子どもには無理強いをせず、少しずつ水に慣れるようにする。 ● 雨やお風呂、金魚など、身近なものを接点として、水の音や感触に親しめるようにする。 ● 表情やしぐさから気持ちを読みとり、関わっていく。 ● 保育者がはっきりと言葉で伝えることで、言葉の獲得につなげる。 ● 小さなブロックを口に入れたりしないよう注意する。 ● あらかじめ、どんな野菜や果物が栽培されているのかを把握し、その食べ物が出てくる絵本などを用意する。

 食育
- 夏の野菜や果物が育つようすを見たり、絵本などをとおして食べ物に親しみをもつ。
- 食事の雰囲気を楽しみ、食事の前後に手を合わせ、あいさつをする。

反省・評価のポイント
- 安全に配慮しつつ水遊びを楽しむ姿が見られたか。
- 子どもたちが集中して自分の好きな遊びをじっくりできるよう配慮できたか。
- 一人ひとりがじっくりと遊べる環境づくりに配慮できたか。

7月 月案・高月齢児

◎ CD-ROM → ■ 1歳児 _ 月案
→ ■ p74-p87_7月の月案（高月齢児）

7月　高月齢児　月案　さくらんぼぐみ
担任：B先生

今月の保育のポイント

自分なりに遊びを工夫したり、友だちと遊びを共有できるようになってきます。水遊びは、遊びを発展させるよい機会ですが、水を怖がる子には無理なく遊べるように留意しましょう。気温が高くなるので戸外での遊びに夢中になり熱中症にならないよう、目配りをすることも重要です。

前月末の子どもの姿

- 体を動かして遊ぶことを楽しんでいるようすが見られた。
- 友だちのことを気にしているが、まだ一緒に遊べない子どももいた。

	ねらい	内容
健康✚ 人間関係♥ 環境♣ 言葉💬 表現♪	✚全身で水の感触や冷たさを楽しみながら、安全に水遊びをする。 ✚自分で衣服の着替えをする。 ♥♪どろを使って友だち同士で遊ぶ。 ♣戸外でのいろいろな遊びを楽しむ。 ♪季節の行事に興味をもつ。	✚バケツやじょうろに水をくみ、体に水をかけたり、プールに入ったりして遊ぶ。 ✚水遊び後などの場面で、自ら着替えようとする。 ♥♪友だちと一緒に、どろの型抜き、どろだんごづくり、ままごとをして遊ぶ。 ♣戸外で夏の花や昆虫などを探索する。 ♪七夕まつりで「たなばたさま」の歌を歌ったり、笹の飾りつけをしたりする。

職員との連携

- 水遊び、遊びのあとのシャワーや身支度が、安全かつスムーズに行えるよう手順を確認する。
- この時期に流行しやすい「とびひ」「手足口病」などの症状について理解を深め、保健だよりに注意点を記載する。

家庭・地域との連携

- タオルやプールバッグなどに記名をお願いする。
- 暑さで体力を消耗しやすい時期なので、保護者と体調の確認をし合う。

養護のねらい

- 暑さが本格的になるので、水分補給や休息などを取り入れ、快適に過ごせるよう配慮する。
- 身のまわりのことを自分でやってみたいと思うような声かけや援助を行う。

健康・安全への配慮

- プールや水遊びの用具に破損がないか、安全点検を行う。
- 戸外では帽子をかぶり、日ざしが強いときは日陰に入る。
- 避難訓練では、子どもたちを安全に誘導する方法について確認しておく。

行事

- プール開き
- 七夕まつり
- 身体測定
- 誕生会
- 避難訓練

7月 月案・高月齢児

環境構成	保育者の関わりと配慮事項
● バケツ、じょうろなど水遊びの用具を準備する。 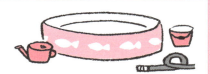	● 水が苦手な子どもは裸足になって足だけ水につけるなど、少しずつ慣れるようにする。
● 保育者が手伝うのを拒む子もいるので、「自分で」という気持ちを大切にし、見守りながら必要なときだけ援助をする。 ● 遊ぶ前にどろで汚れてもいい服装に着替えておく。	● 着替えの際にバランスを崩して転ぶ危険があるので、落ち着いて着替えるよう伝える。 ● 一人ひとりの遊びの発見や工夫をみつけ、ともに楽しみながら喜ぶ。
● 虫かごやビニール袋を用意し、興味のあるものをもち帰れるようにしておく。 ● 飾りつけした笹を園の入り口に設置し、保護者と一緒に楽しめるようにする。	● 子どもが発見したことや興味をもったものに共感し、活動を楽しめるような声かけをする。 ● 七夕に関する絵本を読み、行事への興味を広げる。

食育

- 絵本や実際の夏野菜を見たりふれたりして、食べ物に親しみをもつ。
- 食事の前後に手を合わせて、あいさつをする。

✓ 反省・評価のポイント

- 気温差や体調に配慮することができたか。
- 落ち着いて遊びに取り組める雰囲気をつくれたか。
- できるようになったこと、新しい発見があったことを子どもたちとともに喜べたか。

7月 個人案 低月齢児・高月齢児

◎ CD-ROM → 📁 1歳児_個人案
→ 📁 p78-p81_7月の個人案（低月齢児・高月齢児）

	低月齢児 Aちゃん 1歳4か月（女児）	低月齢児 Bちゃん 1歳7か月（男児）
前月末の 子どもの姿	・戸外では好奇心旺盛に植物に手を伸ばし、楽しんでいた。 ・探索を通じて他児と関わろうとふれたり、声をかけたりする姿が見られた。	・どろんこ遊び、粘土遊びで形をつくることや感触を楽しんでいた。 ・着脱の際に途中で「やって」と言うことが多かった。
ねらい	・他児との関わりを楽しむ。	・ズボンを自分で着脱しようとする。
内容	・遊びや散歩などの活動をとおして、他児と楽しみを共有する。	・保育者に援助してもらいながら自分でズボンを着脱する。
保育者の 援助	・散歩に行くとき、他児と手をつなぐことを促す。 ・保育者が仲立ちをして、他児と遊ぶことが楽しいと思えるようにする。	・「〜できるかな？」と声をかけたり、動作を伝えたりして援助する。 ・他児が着替えているところを見せ、興味をもたせる。
振り返り	・遊びのときに他児にしきりに近づいていこうとしていた。 ・保育者が本児の気持ちを代弁しながら他児と関われるように援助していく。	・大好きな水遊びの活動につながる準備だとわかると、着脱に意欲的になった。 ・「ポケットが後ろだよ」などと前後がわかるような声かけを続けていく。

ポイント！ 保育者の思い

汗をかきやすい時期なので、着脱をこまめに行い、快適に過ごせるようにしていきましょう。

🏃…運動　🎵…食事　🦆…排泄　👕…身のまわり　❤️…人間関係　💬…言葉　✚…健康・安全　🌱…学びの芽

高月齢児 Cちゃん 2歳1か月（男児）	高月齢児 Dちゃん 2歳2か月（女児）
🏃広いところを走り回ったり、体をのびのびと動かすことを楽しんでいた。 ❤️自分で食べようとする意欲はあるが、途中で食べさせてもらうことが多かった。	🌱戸外より机上遊びを好み、一つの遊びに集中する姿が見られた。 🌱水遊びでは、水の冷たい感触を嫌がっている姿が見られた。
🎵苦手な食べ物を食べてみようとする。	🌱水遊びに慣れ、親しむ。 
🎵保育者の声かけで、一口でも口に入れたり食べてみたりしようとする。	🌱少しずつ水にふれる楽しさを感じられるようになる。
💬食事中に野菜の名前を言い、素材への興味をもたせる。 💬保育者がおいしそうに食べる姿を見せる。	💬じょうろなどを使って遊び、水にふれる心地よさが感じられるようにする。 💬保育者がしっかりとそばについて、安心できる環境をつくる。
💬食材の名前を口にするのを喜び、「○○食べた」とうれしそうにしているようすが見られた。 💬他児の食べているようすを伝えることで、本児の食べる意欲を引き出していく。	💬水が顔にかかるのを怖がるので、他児とスペースを分けると安心したようすになった。 💬恐怖心がまだ残っているので小さなタライやバケツを用意するなど、引き続き水に慣れていけるよう援助していく。

ポイント！保育者の思い

水にふれることも多くなる時期ですので、一人ひとりを見守り、危険なことがないように配慮しましょう。

7月 個人案 低月齢児・高月齢児

7月 個人案 配慮事項・発達援助別

◎ CD-ROM → 📁 1歳児_個人案
→ 📁 p78-p81_7月の個人案（配慮事項・発達援助別）

	発達援助　🌱学びの芽 1歳5か月（女児） 探索活動が増えた	発達援助　♥人間関係 1歳7か月（男児） 途中入園
前月末の 子どもの姿	▲歩くことが上手になった。 🌱いろいろなものに興味をもつようになった。	（当月初めの姿） ♥入園したばかりで、不安なようすが見られた。
ねらい	🌱探索活動によっていろいろなものに興味をもったり、経験したりする。	♥保育者や他児と安心して関わる。
内容	🌱散歩のときに外の植物や生き物に興味をもつ。	♥保育者が見守りながら、友だちをつくっていけるようにする。
保育者の 援助	●探索活動が旺盛になると、危険なものに近づくこともあるため、保育者が十分に注意する。 ●本児が興味をもったものがあるときには、興味が広がっていくように声かけをする。	●遊んでいるようすを観察しながら、友だちの遊びに加われるように声かけをする。 ●保育者も遊びのグループに入るなど、本児がとけこみやすい環境設定をする。
振り返り	●動くこと、何かをみつけることが楽しくなり、みつけると保育者のところにもってくるようになった。	●途中入園のため、よくわからず周囲を見ているときが多かったが、少しずつ慣れて友だちとも楽しそうに遊んでいた。
保護者への 配慮事項	●家でもいろいろなものに興味を示すことが考えられるので、問いかけてきたときには応じてもらえるように伝える。	●園では緊張していることも考えられるので、家で甘えるときには十分に甘えたい気持ちを受け止めるよう伝える。

ポイント！保育者の思い

何にでも興味を示している時期ですね。危険なものにふれないよう、注意して見守りましょう。

途中入園の子どもは園生活のペースがつかみづらいことがあります。他の子にとけこめるよう保育者が積極的に援助しましょう。

⛰…運動　🥄…食事　🐤…排泄　👕…身のまわり　♥…人間関係　🔴…言葉　✚…健康・安全　Y…学びの芽

7月 個人案 配慮事項・発達援助別

発達援助　🥄食事	気になる子　⛰運動
1歳8か月（男児） **手づかみ食べをする**	1歳9か月（女児） **歩くのが苦手ですぐに抱っこを求める**
🥄食具（スプーンやフォークなど）がまだ上手に使えないため、つい手を使ってしまう。	⛰運動面の発達に遅れがあり、歩行が不安定である。 ⛰少し歩いただけですぐに抱っこをせがむ。
🥄食具を使って意欲的に食べる。	⛰自分で歩くことを楽しむ。
🥄好きな食具を選び、最後まで食具を使って食事をする。	⛰少しずつ自分で歩ける距離をのばす。
●手づかみをしても叱らず、これを使ってみようかというような働きかけをする。 ●保育者が食具を使って手本をみせ、少しずつ使えるようにしていく。	●保育者や他児と手をつなぐことを促し、景色などを楽しませる声かけをする。 ●「〇〇まで歩こうね」と目印の信号やお店まで歩いたら抱っこするようにし、少しずつ距離をのばしていく。
●なかなか食具を使えなかったが、ぎこちないものの食具だけで食べられるようになった。	●体力がついてきており、歩く距離も増え、保育者や他児と歩くことを楽しんだ。
●手づかみ食べは発達の過程であることと、時間がかかっても食具を使って食事ができるよう見守ってもらうよう伝える。	●がんばって歩いていることを伝え、手をつないで歩けることの喜びを保護者とも共有する。

「くまさんがついているよ」など食具に親しみがもてるよう、援助していきましょう。

ただがんばらせるのではなく、歩いた先でいろいろなものを見たり体験したりして、楽しんで歩くことを心がけましょう。

7月 週案

● CD-ROM → 📁 1歳児_週案→p82-83_7月の週案

七夕まつり

7月　週案　さくらんぼぐみ

担任：A先生（低月齢児）
　　　B先生（高月齢児）

 予想される子どもの姿

- 友だちに興味をもつようになり、やりとりがうまくいかずトラブルが起きることがある。
- 感触遊びや水遊びに抵抗を示す子どももいる。
- シャワーを浴びる機会が増え、着替えを自分でやってみようとする。

✚…健康　♥…人間関係　▲…環境　💬…言葉　♪…表現

	7月○日（月）	7月○日（火）	7月○日（水）
活動予定	園庭遊び（ボール遊び、かけっこ） ※外に出て遊んだあと、どろ遊び、水遊びへと、発展させます。	どろ遊び（低月齢児：どろの感触を楽しむ、高月齢児：どろ団子づくり）	水遊び（ビニールプール）
内容	✚ボールを使って、さまざまな動きを経験する。 ♥保育者がそばで見守っていることに安心感をもちながら、体を動かす。	▲どろの感触を楽しむ。 ✚手をきれいに洗う。	✚ビニールプールで玩具を使った水遊びを楽しむ。
環境構成	●暑さが厳しい場合は活動時間を短くする。 ●汗をかいたときのために、着替えを用意しておく。	●スコップやバケツなどを十分に用意する。 ●見立て遊びができるようお皿や台を用意する。	●気温によっては、水ではなくぬるま湯を用意する。 ●じょうろやバケツ、浮かぶ玩具などを用意しておく。 ※水が苦手な子もいるので、無理なく活動ができるよう注意しましょう。
保育者の配慮	●熱中症に注意し、こまめに水分補給をする。 ●活動後は汗を拭き、清潔にする心地よさを伝える。	●子どもたちの興味に応じて玩具の提供を変えていく。 ●活動後はきれいに手を洗うように伝え、援助する。	●水にぬれた体が冷えないように注意する。 ●抱っこして水につかるなど、安心して水に慣れていけるようにする。 ●水を嫌がる子どもには無理強いせず、少しずつ慣れさせる。

ねらい

- 体調管理と清潔に留意して過ごす。
- 保育者や友だちと夏の季節という雰囲気を楽しむ。
- 水やどろの感触を楽しんで遊ぶ。

 振り返り

どろ遊びや水遊びに参加したがらない子どもも、タイミングを見て誘うことで少しずつ慣れていった。興味が行動につながるきっかけをつくり、遊びの工夫を考えていきたい。

	7月○日（木）	7月○日（金）	7月○日（土）
	園周辺散歩（園近くの公園の散策）	七夕まつり	異年齢保育 室内遊び
	✚階段の上り下りをしようとする。 ✚短い距離を手をつないで散歩する。	♪七夕まつりに参加して楽しむ。 季節の行事を積極的に取り入れましょう。	♥♪リズム遊びや手遊びなどで、保育者とふれあいを楽しむ。
	●虫かごを用意しておく。 ●気温が高いことが予想されるので、短い距離を無理なく歩けるよう設定する。	●折り紙でつくった星の飾り、糸、笹を用意する。 ●子どもたち自身で飾りつけできるよう人数分用意する。	●夏の季節に関連した遊び歌などを用意し、子どもたちが夏らしさを楽しめるようにする。
	●階段から転倒や落下の危険がないよう、適切な場所に保育者を配置する。 ●いろいろな動作に挑戦できるように促す。	●長時間座っているのが苦手な子どもに目配りをする。	●年上の子どもが1歳児に関わろうとする姿を見守り、適切に援助する。

7月 週案

7月の遊びと環境

その① どろ遊び

用意するもの プリンカップ、シャベル、たらい、じょうろ

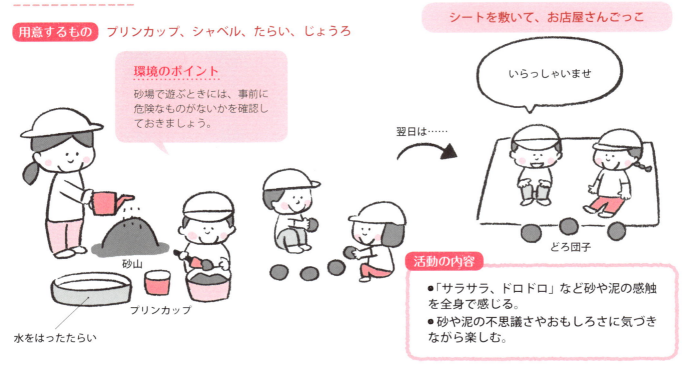

環境のポイント
砂場で遊ぶときには、事前に危険なものがないかを確認しておきましょう。

活動の内容
- 「サラサラ、ドロドロ」など砂や泥の感触を全身で感じる。
- 砂や泥の不思議さやおもしろさに気づきながら楽しむ。

その② 七夕の飾り付け

用意するもの 笹、七夕の飾り（ボール紙、折り紙、トイレットペーパーの芯、糸）、たんざく

環境のポイント
保護者の方も願い事を書けるようたんざくを置いておき、笹は園の入り口に飾りましょう。

活動の内容
- 七夕の飾りを保育者と一緒につけたり、願い事を考えたりして伝統行事にふれる。
- 「たなばたさま」の歌を歌い、行事の雰囲気を楽しむ。

7月の文例集

◎ CD-ROM → 📁 1歳児_季節の文例集→ p85_7月の文例集

前月末の子どもの姿
- 子どもたちが互いに慣れてきたため、玩具を取り合うなどの姿が見られた。
- 雨が続いて戸外活動の機会が減り、室内遊びでは保育者を求めて追いかける姿が見られた。

養護のねらい
- 夏の暑さで体調を崩さないように、衣服やエアコンなどで調整する。
- 甘えられることの安心感を感じられるよう、必要に応じてスキンシップをしっかりとる。

健康・安全への配慮
- 水遊びやプール活動に関係する感染症の有無について確認し、他児への感染拡大を予防する。
- 戸外活動の際には、休憩のときに利用できる日陰のある場所を選ぶようにする。

ねらい
- ▲水にふれる感覚や水の動きなどを楽しむ。
- ✚階段や斜面の上り下りを楽しむ。
- ✚オムツを外し、パンツで過ごすことに挑戦する。

内容
- ▲足先や手を水につけたり水の中で動かしたりして、水に慣れる。
- ✚保育者と手をつないでバランスをとりながら階段や斜面の上り下りをする。
- ✚体調のよいときはパンツで過ごし、心地よさを感じる。

環境構成
- ▲いすなどに座って足を水につけられるように、ビニールプールには水を浅めに入れる。
- ✚オムツからいつでもパンツになれるよう、手にとりやすい場所にパンツを用意しておく。

保育者との関わりと配慮事項
- ▲✚水で足をすべらせないように、十分に注意しながら慣れさせていく。
- ✚一緒にパンツを履くのを手伝い、「しーしは、ここだよ」とトイレの場所を教えるようにする。

職員との連携
- 水遊びのあとは、手際よくぬれた足を拭いたり、着替えができるよう役割分担を確認しておく。
- 水いぼなど、水を介して感染が拡大する感染症について症状などを確認しておく。

家庭・地域との連携
- 水遊びのある日の準備物についてお知らせをつくり、保護者に配布する。
- 園の夏まつりに、地域の人たちも参加してもらうようポスターの掲示を自治会などに依頼する。

食育
- スイカやキュウリ、トマトなどが菜園などで実際になっているのを見る。
- 食事のときには動き回らず、落ち着いて座って食べる。

7月 遊びと環境・文例集

健康 ✚　人間関係 ♥　環境 ▲　言葉 ■　表現 ♪

8月 月案・低月齢児

CD-ROM → 1歳児_月案
→ p86-p89_8月の月案（低月齢児）

8月　低月齢児　月案　さくらんぼぐみ
担任：A先生

今月の保育のポイント

一人ひとりが好きな遊び方をみつけ、また友だちや保育者のまねをしながら展開するなど、遊びに集中して取り組む姿がみられます。友だちとの関わりが増えるなかで芽生える「自分の思いを伝えたい」という気持ちを見守りながら、タイミングよく声をかけていきましょう。

前月末の子どもの姿
- 水を怖がっていた子どもも、個々のペースで水遊びを楽しむことができた。
- 友だちが遊んでいるところをじっと見たり、まねしたりする姿が見られた。

	ねらい	内容
健康✚ 人間関係♥ 環境★ 言葉● 表現♪	✚●排泄したことを、保育者に知らせる。 ✚気持ちよく午睡をする。 ♥友だちに興味をもつ。 ♥●自分の気持ちを言葉で伝えようとする。 ★♪夏の遊びを楽しむ。 ★自然のなかで季節を感じ、楽しむ。	✚●便や尿が出たことを簡単な言葉やしぐさで保育者に伝えようとする。 ✚落ち着いた雰囲気のなかで入眠する。 ♥保育者の仲立ちで友だちの遊びに興味をもち、近づいてみようとする。 ♥●保育者に言葉で自分の要求を伝えようとする。 ★♪戸外活動で、昆虫や植物などの自然にふれる。 ♪盆踊り、季節の歌を楽しむ。

職員との連携
- 一人ひとりの体調や水遊びの可否など、保護者から得た情報を共有しておく。
- 子どもの動きが活発になっているので、一人ひとりに目が届くよう保育者間で配置を確認する。

家庭・地域との連携
- 家族との外出などで疲れが出やすい時期なので、保護者と近況や体調についての情報を共有する。
- 着替えやタオルを必要とする季節なので、保護者に必要数を伝え、記名したものを準備してもらう。
- 夏まつり、盆踊りなどの地域の行事に参加する。

養護のねらい

- 手をきれいに洗い、ぬれた手をタオルで拭けるようにする。
- 子どもたちの自立心を刺激し、身のまわりのことを自分でやってみたいと思うような声かけを行う。

健康・安全への配慮

- 熱中症予防として、室内の温度調節や水分補給に気を配る。
- 清潔を保ち、小まめに体を拭いたり着替えたりして、快適に過ごせるようにする。

行事

- 身体測定
- 誕生会
- 夏まつり
- プールおさめ

8月 月案・低月齢児

環境構成	保育者の関わりと配慮事項
● 排泄前後の子どもの表情の変化に気づき、気持ちをくんで言葉をかける。 ● 暑さの影響を考え、午睡時間や室温などを調整する。 ● 保育者が友だちとの間に入り、お互いに満足して遊びこめる環境をつくっていく。 ● 話をしたそうにしているときはそばにつき、話しやすい雰囲気をつくる。 ● 保育者が率先して、虫や植物を見たりふれたりする。 ● 夏まつり、夏の食べ物などが出てくる、季節感を味わえる童謡などを用意しておく。	● 伝えることができたときにはほめ、オムツを替えてさっぱりした心地よさに共感する。 ● 入眠時には背中をなでるなどのスキンシップをとり、安心して眠れるようにする。 ● 一人遊びとは異なる楽しみが感じられるよう、友だちと遊ぶことの楽しさを引き出す声かけをする。 ● 伝えようとする気持ちに共感し、ちゃんと言葉で言えたときには一緒に喜ぶ。 ● 虫や植物にふれる場合は、保育者が危険の有無を確認したうえで、「そっと触ろうね」などと声をかける。 ● 音楽をとおして身近な食べ物の名前・味・においに興味がもてるよう促す。

食育

- 夏の食材について話を聞いたり、歌を歌ったり、絵本を皆で見たりする。
- 「ツルツル」「プルプル」など、食感を言葉にしてみる。

反省・評価のポイント

- 天候や気温に配慮し、臨機応変に対応ができたか。
- 保育者自身が、心から遊びを楽しんでいるようすを見せることができたか。
- 疲れてしまったり、甘えたいようすの子どもに気づき、気持ちを受け止めることができたか。

8月 月案・高月齢児

◎ CD-ROM → 1歳児_月案
→ p86-p89_8月の月案（高月齢児）

8月　高月齢児　月案　さくらんぼぐみ
担任：B先生

今月の保育のポイント

水遊びに慣れてくると、子どもの動きも大胆になり、思わぬけがにつながることがあるので気を引きしめましょう。子ども同士の関わりも増えてきますが、一人遊びを好む子どももいます。無理強いせず、子どもが孤独感を感じないよう目配りしましょう。

前月末の子どもの姿

- 水遊びに積極的に参加し、自分なりの遊び方を楽しむようすがみられた。
- 身のまわりのことを意欲的にやろうとする姿が見られた。

	ねらい	内容
健康✚ 人間関係♥ 環境🌲 言葉💬 表現♪	✚身のまわりの簡単なことを意欲的に自分で行う。 ✚水遊びを楽しむ。 ♥💬自分の要求を言葉にして、まわりの人に伝える。 ♥💬自分の名前を覚える。 ✚♪全身を使って遊ぶ。 ♪色や素材のおもしろさにふれる。	✚ズボンやオムツを自分で脱ぐ。 ✚自分の好きな道具や玩具を選び、個々のペースで工夫して遊ぶ。 ♥💬簡単な言葉でやりとりをしながら、友だちや保育者と遊ぶ。 ♥💬名前を呼ばれると、「はい」と返事をしたり、手をあげたりする。 ♪🌲盆踊りやリズム運動を楽しむ。 ♪フィンガーペインティングで、絵の具の感触を楽しみながら、表現する。

職員との連携

- 一人ひとりの体調や水遊びの可否など、保護者から得た情報を共有しておく。
- あらかじめ保育者が水遊びやフィンガーペインティングなどを行って、新たに気づいた点、注意点を確認し合う。

家庭・地域との連携

- 夏休み中をどのように過ごしたか、新しい体験や体調などについて保護者から話を聞く。
- 着替えやタオルを必要とする季節なので、保護者に必要数を伝え、記名したものを準備してもらう。
- 夏まつり、盆踊りなどの地域の行事に参加する。

養護のねらい

- 甘えたい気持ちや不安な気持ちを受け止め、一人ひとりとていねいに関わる。
- 興味をもったことに十分に取り組めるよう、保育者が一緒に楽しんだり、見守ったりしていく。

 健康・安全への配慮

- 熱中症予防のため、室内の温度調節や水分補給を十分に行う。
- 小まめに体を拭いたり着替えたりして、清潔にする心地よさを感じられるようにする。
- 水遊びのときは危険がないよう、子どもたちの動きに目を配る。

 行事

- 身体測定
- 誕生会
- 夏まつり

8月 月案・高月齢児

環境構成	保育者の関わりと配慮事項
● 一人で脱ぎやすいように、ゆとりのあるスペースを確保する。 ● 時には道具や玩具を使わず、手や足で波を起こすなど遊びの設定を工夫する。 ● 複数の玩具や遊具のある環境で保育者が「何して遊ぶ？」などと声かけをして、自分の好きな遊びを答えさせるようにする。 ● 自分の名前だけでなく、友だちの名前を覚えたり、呼びかけたりできるように遊びを工夫する。 ● 盆踊りの振りつけを簡潔にし、一部分でもよいから一緒に踊れるように工夫する。 ● 手で直接絵の具にふれるのを嫌がる子どもにはスプーンを用意しておく。	● やりたがらない子どもにはやさしく声かけし、できた部分を評価する。 ● 全身をぬらすことを嫌がる子どもには、たらいやバケツを用意する。 ● 言葉の出にくい子どもには、指を差して答えられるように質問を工夫する。 ● 名前を呼んだときに返事があれば、「○○ちゃん、元気がいいね」などと復唱してほめるようにする。 ● 保育者が楽しそうに歌ったり踊ったりすることで、子どもたちのまねしたい気持ちを起こす。 ● 絵の具を直接触ったり、指で混ぜたりすることをとおして、色に興味がもてるように援助していく。

 食育

- かき氷やアイスクリームなどがのっている、夏にふさわしい絵本を見る。
- 実際の食べ物と結びつけながら「ツルツル」「プルプル」「シャリシャリ」などと、食感を言葉にする。

反省・評価のポイント

- 身のまわりのことを自分でしようという気持ちを大事にしながら、子どもたちと接することができたか。
- 水遊びなど体力を使う活動のあと、十分に休息をとれたか。

8月 個人案 低月齢児・高月齢児

● CD-ROM → 📁 1歳児_個人案
→ 📁 p90-p93_8月の個人案（低月齢児・高月齢児）

	低月齢児 Aちゃん 1歳5か月（女児）	低月齢児 Bちゃん 1歳8か月（男児）	
前月末の 子どもの姿	●「はっぱ」「おはな」など知っているものをみつけると、単語で伝える。 ●衣服の着脱を自分でやろうとするが、途中であきらめることが多かった。	●水遊びを喜び、他児と一緒に楽しむ姿が見られた。 ●保育者や他児に身振り手振りをしたり話しかけたりするが、うまく伝わらず泣くことがあった。	
ねらい	●衣服の着脱をしようとする。 	●他児や保育者に自分の思いを伝えようとする。	
内容	●自分からズボンを脱ごうとする。	●身振り、手振り、言葉を使って、他児や保育者と関わる。	
保育者の 援助	●声かけをしながらそばで見守り、適切に援助する。 ●少しでもできたところを認め、喜びを共有する。	●保育者が言葉を添えたり仲立ちをしたりして、他児とやりとりをする楽しさを感じられるようにする。	
振り返り	●繰り返すうちに、保育者に促される前に自らやろうとするようになった。 ●「ズボンのトンネルからあんよをだそうね」などとわかりやすい声かけをし、できたときにはたくさんほめる。	●他児に笑いかけるなど、うまく伝わったときは満足したようすが見られた。 ●本児が発した言葉をくみとり、はっきりとした言葉で代弁していく。	

ポイント！ 保育者の思い

自分でできることが増えてきます。できたときはたくさんほめ、自信がつくようにしましょう。

🔺…運動　♪…食事　🐤…排泄　👕…身のまわり　❤…人間関係　💬…言葉　✚…健康・安全　Y…学びの芽

高月齢児
Cちゃん　2歳2か月（男児）

高月齢児
Dちゃん　2歳3か月（女児）

💬水遊び、お絵描きなどについて「〇〇、やりたい」と言うようになった。 Y好きな遊びを始めると、時間になってもなかなかやめたがらない。	❤他児が少人数でグループをつくっているのを、遠巻きに見ていることがあった。 ✚水遊びでは、水がかかることを怖がっているようすが見られた。
💬気持ちを伝えられるよう語彙、二語文を増やしていく。 	❤水遊びに慣れる。 ❤保育者や他児と関わりながら楽しみを共有する。
💬自分のやりたいことや気持ちを言葉にして伝える。 💬生活や遊びのなかで言葉のやりとりを楽しむ。 💬繰り返し同じ絵本を見ることを楽しむ。	Y水の感触を楽しむ。 🔺のびのびと体を動かし、保育者や他児とふれあいながら遊ぶ。
☺遊びに介入して言葉のやりとりを楽しむ。 ☺気持ちを代弁したり、復唱したりして伝わっていることが感じられるようにする。 ☺絵本のなかに出てくる言葉をゆっくり正確に繰り返す。	☺水に慣れていない子どもたちを集め、無理なく水のかけっこをしていく。 ☺他児のなかに入っていけないようすのときには「一緒に〜してみよう」と声をかけ、安心して遊べるようにする。
☺本児の行動を言葉にして伝えるとオウム返しをしてきて、簡単なやりとりができるようになった。 ☺引き続き、同じ単語を繰り返し伝えるようにして、言葉への興味を引き出していく。	☺水遊びに少しずつ慣れ、前月にはなかった笑顔を見せるようになった。 ☺他児と関わるとき不安そうな表情をしていないかなど、よく観察し、本児のペースに合わせて他児と関わっていけるようにする。

ポイント！保育者の思い
暑さがきびしい時期です。水分補給を十分に行うなど、夏の健康管理に配慮していきます。

8月　個人案　低月齢児・高月齢児

8月 個人案 配慮事項・発達援助別

◎ CD-ROM → 1歳児_個人案
→ p90-p93_8月の個人案（配慮事項・発達援助別）

	気になる子　♥人間関係　1歳6か月（女児）　**かみつきが見られる**	気になる子　👕身のまわり　1歳8か月（男児）　**衣服を着ることを嫌がる**
前月末の子どもの姿	♥ 他児に関心をもって関わろうとすることが増えてきた。 ♥ うまく言葉で言えず、かみついたり押したりする姿が見られる。	👕 着替えのときに、服を脱ぐとそのまま遊んでしまい、新しい服を着るのを嫌がっていた。
ねらい	♥ 自分の気持ちを言葉で表す。	👕 服を着替えることに集中する。
内容	♥ 「いや」「やめて」など、拒否の言葉を言おうとする。	👕 着替えが終わってから遊ぶ。 👕 タオルで汗を拭き、清潔にする気持ちよさを味わう。
保育者の援助	● 保育者は近くにいるようにし、かみついたり手が出たりする前に止める。 ● 「いや」「やめて」などの言葉を保育者も本児と一緒に声に出して言う。	● 服のタグや素材、汗のベタベタ感など、特定の苦手な感触がないか気をつけて見ておく。 ● 着替える際にほかの遊びに注意がそれないよう、玩具棚に目隠しの布をかける。
振り返り	● かみつきや押すことが少し減り「いや」など、短い言葉で気持ちを伝えようとするようになった。	● 服のタグを気にするようすが見られたため、家庭で外してきてもらうようにお願いした。
保護者への配慮事項	● 保護者が過度に心配して、相手の子どもや保護者に申し訳なく感じてしまったりすることが多いため、伝え方に気をつける。	● わがままではなく、感覚がほかの子より敏感なのかもしれないのできちんと対策をとれば問題ないと伝えておく。

ポイント！保育者の思い

他児をかんでしまう前に必ず止めるように、保育者の配置を事前に打ち合わせておくことが大切です。

服を嫌がる原因について、感覚の過敏さ、体温調節の苦手さ、注意のそれやすさなど、さまざまな観点から検討してみましょう。

 …運動　♪…食事　🦆…排泄　👕…身のまわり　♥…人間関係　💬…言葉　✚…健康・安全　Y…学びの芽

8月 個人案・配慮事項・発達援助別

発達援助 ♥人間関係 1歳10か月（女児） **友だちに興味をもつ**	発達援助 🦆排泄 2歳1か月（男児） **トイレでの排泄に意欲がある**
♥ 友だちと遊んでいても一人遊びが中心だが、ときどき一緒に遊んでいる友だちに興味をもつこともあった。	🦆 保育者に排泄のサインを出せず、トイレに行きたいという意欲が伝えられなかった。
♥ 友だちとの関わりを大切にする。	🦆 トイレで気持ちよく排泄する。
♥ 友だちと言葉でのやりとりをしようとする。	🦆 自分から保育者に「トイレに行きたい」と伝えられるようになる。
💬 自分の意思や欲求を言葉で表すことができるように見守る。 💬 自我が育つ時期なので、友だちとの関係に注意し、トラブルになったときには保育者が仲立ちする。	🦆 排泄の間隔に合わせて、それとなくトイレに誘導する。 🦆 トイレで排泄できたときは、ともに喜ぶ。 🦆「トイレに行きたい」と伝えてくれたときは、ほめる。
💬 友だちが何をしているのかな、と気になるようすが見られるが、まだ何となくであった。	🦆 ぎりぎりになってトイレに行くため間に合わないこともあったが、行きたいという意欲は継続している。
💬 帰宅後に、「今日は何をしたの」と保護者からも問いかけてもらうように伝える。	🦆 自宅でも、トイレでの排泄を試してみてもらうよう伝える。

友だちと一緒にいるけれど、それぞれがちがう遊びをすることも多い時期です。友だちに興味をもてるよう仲立ちしていきましょう。

トイレに行けると、自分が少しお兄ちゃんになったような気持ちになります。達成感に共感していきましょう。

8月 週案

● CD-ROM → 📁 1歳児 _ 週案→ p94-95_8月の週案

水遊び

8月　週案　さくらんぼぐみ
担任：A先生（低月齢児）
　　　B先生（高月齢児）

 予想される子どもの姿

- 長期の休み、暑さから体調や生活リズムを崩しやすい。
- 運動能力が上がり、動作がダイナミックになる。
- 友だちと協力して遊ぼうとするようになる。

✚…健康　♥…人間関係　▲…環境　●…言葉　♪…表現

	8月○日（月）	8月○日（火）	8月○日（水）
活動予定	色水遊び（色水を使ったジュース屋さんごっこ）	マラカス遊び（ホール） ※暑さが厳しい日だったので、ホールでマラカス遊びをします。	プール遊び
内容	♪色の変化、違いを楽しんで遊ぶ。 ♪色水をジュースに見立てて遊ぶ。	♪マラカスで音を出すことを楽しむ。 ♪音楽に合わせて、皆で音を出す。	▲夏の暑さのなかで、水にふれる気持ちよさを感じる。
環境構成	●絵の具、バケツ、コップを用意する。 ●子どもの注目のなか、コップに水、絵の具を入れ色水をつくってみせる。	●プリンカップを2つにつないだマラカスを用意しておく。 ●皆で楽しめる曲「おもちゃのチャチャチャ」を準備しておく。	●じょうろやバケツ、水でっぽうなどの遊び道具を用意する。
保育者の配慮	●何種類か色水をつくり、保育者が子どもの要望を聞いて配る。 ●活動のなかで色の名前を伝え、言葉の獲得につなげる。 ※感動を共有し、それを言葉の獲得につなげます。	●「上手にできたね」などと声をかけ、自信をつけていく。	●活動後はしっかり体を拭く。 ●水が苦手な子どもには、無理せずできることを楽しめるよう配慮する。

🎯 ねらい

- 楽しく安全に、水遊びをする。
- 色の不思議やおもしろさを知る。
- 夏の自然物にふれ、夏を体感する。

✅ 振り返り

子どもたちの動きがダイナミックになり、興奮すると走り回ったりする姿が見られた。全体を見ながら、そのつど人数の確認、居場所の確認に気をつけていきたい。

	8月○日（木）	8月○日（金）	8月○日（土）
	フィンガーペインティング	園庭探索	異年齢保育 室内遊び
	♪指を使って色を塗ること、色の混ざるようすを楽しむ。	▲園庭で夏の自然物にふれる。 （外に出て、暑さや身近な植物などから夏を感じます。）	▲興味のある玩具をみつけて遊ぶ。
	● 子どもが汚れを気にせず遊べるよう、保育者もともに楽しむ。 ● 色の変化に気づき、「色水遊び」の体験と結びつくよう声かけする。	● アサガオやヒマワリ、菜園の植物の変化をみつけられるよう声かけする。 ● 花の色を口に出して伝えていく。 ● 必ず帽子をかぶって探索をさせる。	● ブロック、積み木など友だちと共有できる玩具も用意しておく。 ● 保育者が仲立ちし、異年齢の子どもが一緒に遊べるよう誘う。
	● すべって転ばないようマットを敷いたり、声かけを行う。 （子どもたちは楽しく動き回るので、けがのないように配慮します。）	● 活動後に植物の絵本や図鑑を見ながら、ともに楽しむ。	● 子ども同士の関わりを大事にしながら見守る。

8月 週案

8月の遊びと環境

その① 絵の具遊び

用意するもの 絵の具、容器、プラスチックのスプーン、ビニールシート、おしぼり

赤、青、黄色と絵の具を足していきながら、色の混じりあいを楽しむ

環境のポイント
手でふれるのが苦手な子どものためにスプーンを用意しておきましょう。

活動の内容
- 色が混じりあう変化を楽しむ。
- 指先を使い、絵の具の感触を知る。

その② マラカス遊び

用意するもの プラスチック容器に米や小石を入れたマラカス

プリンカップを2つ合わせる

テープを貼る

小石、米などを入れる

慣れてきたら……

環境のポイント
リズム遊びはホールなどの広い場所で行いましょう。

「おもちゃのチャチャチャ」に合わせて鳴らす

活動の内容
- マラカスを鳴らすことを楽しむ。
- 音楽に合わせてマラカスを鳴らす。

8月の文例集

● CD-ROM → 📁 1歳児 _ 季節の文例集 → p97_8月の文例集

前月末の子どもの姿

- ✚暑くなったため夜ぐっすりと眠れず、登園しても疲れが残ったままのようすの子どもがいた。
- ♥遊んでいるときに他児を気にしている姿が見られた。

養護のねらい

- ✚暑さなどで疲れているようなら休息をとれるようにし、活動的に過ごせるようにする。
- ✚園での生活を楽しんでいるか、子どもたち一人ひとりの顔の表情をきちんととらえる。

健康・安全への配慮

- ✚戸外での活動時には、子どもたちの疲れ方に注意して活動時間を調整する。
- ✚室温に注意してエアコンを適切に使用し、風通しをよくする、日差しを遮るなどの配慮をする。

ねらい

- ♪夏まつりの曲に合わせて、体を楽しく動かす。
- ♣自分の持ち物をみつけ、準備したり片づけたりしようとする。
- ♥●友だちに自分から声をかけてみる。

内容

- ♪音楽に合わせて自分なりに体を動かす。
- ♣自分のマークを頼りに自分の持ち物をみつける。
- ♥●「まーちゃん」などと友だちの名前を呼んで声をかけてみる。

環境構成

- ♪子どもが楽しめる曲を選んで聞かせながら、自然に体を動かせるような雰囲気をつくる。
- ♣入所時からつけている自分のマークを子どもの持ち物やしまう場所につけておく。

保育者との関わりと配慮事項

- ♪●「上手だね」などと声かけをして、体を動かすことを楽しめるようにする。
- ♣「○○ちゃんはくまさん」などと伝え、くまさんマークは自分のものと思えるように援助する。

職員との連携

- ✚保護者の夏季休暇に合わせて休む子どももいるので、休み明けの子どもの状態を共有する。
- ✚暑さで疲れやすい時期なので、子どもたちの体調に異常があれば関係する全職員に知らせる。

家庭・地域との連携

- ✚帰宅後はゆっくりと休ませ、翌日に疲れを残さないよう保護者にも協力してもらう。
- ✚保護者の夏季休暇で休むときには、必ず届けを出してもらうよう保護者に伝える。

食育

- ✚苦手な食べ物を、少しずつ食べてみようとする。
- ✚「いただきます」「ごちそうさま」のときには、きちんと手を合わせる。

8月 遊びと環境・文例集

健康 ✚　人間関係 ♥　環境 ♣　言葉 ●　表現 ♪

9月 月案・低月齢児

◎ CD-ROM → 📁 1歳児 _ 月案
→ 📁 p98-p101_9月の月案（低月齢児）

9月　低月齢児　月案　さくらんぼぐみ
担任：A先生

今月の保育のポイント

8月は家族での外出や暑さから、体調を崩す子どもが多く見られました。9月は暑さも一段落しますので、乱れた生活リズムを整えて快適に過ごしていけるようにしましょう。夏にさまざまな体験をした子どもたちは、身のまわりのことや友だちとの関わりに意欲的になっています。

前月末の子どもの姿

- 意欲的に食事をする姿が見られた。
- 急な天候の変化、夏の疲れから体調を崩す子どもが多かった。

	ねらい	内容
健康✚ 人間関係♥ 環境♠ 言葉● 表現♪	✚ しっかり咀しゃくして食べる。 ✚ 保育者の声かけでトイレに行く。 ♥♠ 自分のものや、片づける場所がわかる。 ♪ 絵本に興味をもつ。 ♥♪ 皆で作品をつくる楽しさを味わう。	✚ 食べ物をよくかんで、最後まで食べる。 ✚ 保育者と一緒にトイレまで行き、便器をのぞいてみたりする。 ♥♠ 自分のタオルや布団をみつけたり、玩具を決められた収納場所に片づけたりしようとする。 ♪ 絵本を自分でめくりながら、絵を見て楽しむ。 ♥♪ 保育者がつくった野菜スタンプを大きな紙に皆で押すことを楽しむ。

職員との連携

- 夏の疲れが出やすい時期なので、体調をみて活動内容についての検討を行う。
- 新年度からこれまでの6か月を振り返り、今後の課題を話し合う。

家庭・地域との連携

- 運動会に備え、足のサイズに合った着脱しやすい靴の情報を保護者に伝える。
- 防災訓練で必要な協力を、保護者や地域の住民・施設などにお願いする。

養護のねらい	健康・安全への配慮	行事
● 身のまわりのことを自分でやってみようとし、やり終えた達成感を味わえるように促す。 ● 保育者や友だちとの関わりのなかで興味を広げ、新たな発見を楽しめるように援助していく。	● 体調を崩した子には無理をさせないようにする。 ● 体を思いきり動かして遊べる時間と安全なスペースを用意する。 ● 地震を想定した防災訓練のなかで、電気やガスの元栓チェックなどの役割分担を確認する。	● 防災訓練 ● 身体測定 ● 誕生会 ● 敬老の日

9月 月案・低月齢児

環境構成	保育者の関わりと配慮事項
● 身近な野菜をスタンプにして興味をもてるようにし、よくかんでおいしく食べる楽しさを伝える。 ● トイレのまわりを飾りつけるなどして、トイレに行くことを楽しめるようにする。 ● 着替えの収納場所を写真などで示し、子どもが片づけやすいようにする。 ● 自分の好きな絵本を選べるように、手の届くところに置く。 ● 野菜、インク、紙を用意しておく。	● 「もぐもぐだよ」と口を動かして声をかけ、咀しゃくができるよう見守る。 ● 無理強いせずに個々のペースに合わせ、排尿できなくてもトイレに誘っていく。 ● 「ズボンはここだね」などと声をかけながら、一緒に片づけをする。 ● 絵本を大切に扱うよう声かけをする。 ● 野菜スタンプを口に入れないよう注意して見守る。

食育	反省・評価のポイント
● 野菜スタンプをとおして食材にふれ、興味をもつ。 ● 保育者をまねて、食事の前後に手を合わせて、あいさつを行う。	● 遊びに集中できる環境づくりができたか。 ● 自分でやってみようとする気持ちを後押しする声かけができたか。 ● 子どもが自分でできた達成感を味わうことができたか。

9月 月案・高月齢児

CD-ROM → 1歳児_月案
→ p98-p101_9月の月案（高月齢児）

9月　高月齢児　月案　さくらんぼぐみ
担任：B先生

今月の保育のポイント

暑さが一段落し、だんだん過ごしやすい気候に変わっていきます。思いきり体を動かす遊び、のんびり歩く散歩など、メリハリをつけながら元気に活動していきましょう。子どもたちは遊び方やルールを少しずつ理解していきますが、のびのびと体を動かす楽しみを感じることが一番です。

前月末の子どもの姿
- 食べ物の好みが出てきて、嫌いな食べ物を残す子どももいた。
- 後半は夏の疲れが出て、体調を崩す子どもが多かった。

ねらい	内容
✚衣服の形に興味をもつ。 ✚いろいろな食材に興味をもち、苦手なものも少しずつ食べようとする。 ♥●好きな言葉を発することを楽しむ。 ♥●保育者や他児とのやりとりを楽しむ。 ♪指先を使った遊びをする。 ♪お絵描きを楽しむ。	✚着替えているときに、衣服の裏表やポケットの位置の違いなどに気づく。 ✚♥他児が食べているのを見て、苦手だった食材に興味をもつ。 ♥●気に入った言葉を繰り返し、口にして楽しむ。 ♥●家庭での出来事、夏休みの体験、自分の気持ちを保育者や友だちに伝えようとする。 ♪シール貼り遊びをする。 ♪クレヨンやタンポを使って、思いきり絵を描く。

健康✚
人間関係♥
環境▲
言葉●
表現♪

職員との連携
- 運動会に向けて、日常の遊びと関連づけた出し物を計画し、職員で実践方法を確認する。
- 新年度からこれまでの6か月を振り返り、今後の課題を話し合う。

家庭・地域との連携
- 運動会に備え、足のサイズに合った着脱しやすい靴の情報を保護者に伝える。
- 防災訓練で必要な協力を、保護者や地域の住民・施設などにお願いする。

養護のねらい

- 生活リズムを整え、健康に過ごせるようにする。
- 戸外での自由遊びの時間に、走る、のぼる、ジャンプする、つかまるなど、いろいろな動作に挑戦することを促す。

健康・安全への配慮

- 夏の疲れに配慮し、ゆとりをもちながらも元気に遊べるようにする。
- 運動会に備え、園庭や運動用具の点検を行う。
- 地震を想定した防災訓練のなかで、電気やガスの元栓チェックなどの役割分担を確認する。

行事

- 防災訓練
- 身体測定
- 誕生会
- 敬老の日

9月 月案・高月齢児

環境構成	保育者の関わりと配慮事項
●「シャツの次はズボンね」などの声かけで、次の動きがイメージできるようにする。 ● 苦手な野菜の絵本を用意し、親しみがもてるようにする。	● 服のもようや形を伝えながら着脱を援助する。 ● 最後まで見守り、できるようになったことを言葉にしてほめる。
● 言葉の繰り返しを楽しめる絵本『だるまさんが』を用意する。 ● 保育者もグループに入り、少人数で会話を楽しめるようにする。	● 言葉に出す喜びを受け止め、笑顔で対応する。 ● 子どもが話しているときは目を見て相づちを打ち、受け止めていることを伝える。
● シールの台紙、いろいろな色のシールを用意しておく。 ● クレヨン、絵の具をつけたタンポ、フィンガーペインティングの道具などを用意する。	● できたものを保育室に飾ったり、ほかの遊びに展開できるようにする。 ● 画材を使うときは誤飲・誤食のないように注意深く見守る。

食育

- 秋の果物や野菜の登場する絵本やパネルシアターを楽しむ。
- 食材によってスプーンとフォークを使い分ける。

反省・評価のポイント

- 子どもの発見や成長を、次の意欲につなげることができたか。
- 子どもを1対1でていねいに受け止める時間がつくれているか。

9月 個人案 低月齢児・高月齢児

◎ CD-ROM → 📁 1歳児_個人案
→ 📁 p102-p105_9月の個人案（低月齢児・高月齢児）

	低月齢児 Aちゃん 1歳6か月（女児）	低月齢児 Bちゃん 1歳9か月（男児）
前月末の 子どもの姿	・自分から積極的に遊び方をみつけようとしていた。 ・単語数が増えるなか、二語文が出るようになった。	・水遊びを楽しみ、心地よい疲れを感じてたっぷりと睡眠がとれていた。 ・排尿の成功率が高く、好んでトイレに向かっていた。
ねらい	・二語文でのやりとりを楽しむ。	・布パンツで過ごすことに慣れる。 
内容	・二語文で自分の気持ちを伝えようとする。 ・二語文で答えられる質問遊びを保育者とする。	・午睡以外はパンツで過ごし、トイレで排泄をする。
保育者の 援助	・簡単な二語文が使われている絵本を読み聞かせながら、復唱する。	・タイミングよくトイレに誘えるよう、排尿の間隔を把握する。 ・少しずつ、自分からトイレに行くタイミングをつかめるようにしていく。
振り返り	・伝えたい気持ちがあり、自分から言葉を発する意欲が盛んになってきている。 ・言葉のレパートリーをさらに増やせるよう、絵本の読み聞かせをしたり、友だちとの会話を促したりしていく。	・便器で排尿できたとき、一緒に喜びあうことができた。 ・引き続きはげましながら、トイレにすすんで向かえるよう援助していく。

ポイント！保育者の思い

園でのようすを保護者に伝えながら、家庭でも言葉のやりとりを楽しんでもらえるようにしましょう。

🔺…運動　🎵…食事　🐤…排泄　👕…身のまわり　❤️…人間関係　💬…言葉　✚…健康・安全　Y…学びの芽

高月齢児　Cちゃん　2歳3か月（男児）	高月齢児　Dちゃん　2歳4か月（女児）
❤️遊びのなかで他児を誘ったり、声をかける場面が多くあった。	✚先月に母親の入院、退院があり月初は落ち着かない姿が見られた。 ✚苦手だった水遊びに慣れたことで自信がつき、月末には感情面が落ち着いてきた。
❤️他児とのやりとりを楽しむ。	✚安心して過ごし、自分の気持ちを表現する。 
❤️他児と楽しみを共有したり、相手の嫌がることを理解する。	✚保育者に甘えを十分に受け止めてもらい、やりとりを楽しむ。 ❤️安心感のなかで他児とのやりとりを楽しんで遊ぶ。
●他児とトラブルになった場合、その都度気持ちをしっかりと受け止める。 ●どうすればいいか、他児との関わり方を一緒に考え、伝えていく。	●好きなこと、家庭での出来事を問いかけるなど、1対1で関わり、本児の思いを受け止める時間をつくる。
●玩具を独占したい気持ちが和らぎ、他児と共有できるようになっている。 ●他児とのやりとりがうまくいっているときは、見守っていく。	●自分の思いを保育者に伝えられたとき、安心した表情が見られた。 ●甘えたい気持ちを受け止めつつ、他児とも関われるよう援助していく。

ポイント！保育者の思い

甘えたい気持ちが出ているときは、園でのようすに気を配りつつ、家庭でのようすについても確認するようにしましょう。

9月　個人案・低月齢児・高月齢児

9月 個人案 配慮事項・発達援助別

◉ CD-ROM → 📁 1歳児_個人案
→ 📁 p102-p105_9月の個人案（配慮事項・発達援助別）

	発達援助 💬言葉 1歳6か月（女児） **言葉が出ず手が出る**	発達援助 🥄食事 1歳9か月（男児） **偏食がある**
前月末の 子どもの姿	● 言葉がなかなか出なくて、思うように自分の意思を伝えられない。 ● 思い通りにならないとき、友だちを叩くことがあった。	🥄 手づかみやスプーンを使って食べようとしていた。 🥄 食べ物を見分けられるようになり、緑色の野菜は口に入れる前から嫌がっていた。
ねらい	● 言葉で自分の思いを伝える。	🥄 食べられる食材を増やす。
内容	● 保育者とたくさん話をする。	🥄 苦手な食べ物を一口だけでも食べようとする。
保育者の 援助	● 自分の意思を伝えようとしているので、保育者がそれを聞きとるようにする。 ● 何か言おうとしているときは、必ず聞くようにする。	● 苦手な食べ物は小さく切る。 ● 調理しているところを見せたり、絵本や紙芝居で食べ物に親しむようにする。
振り返り	● 言おうとしていることを聞く姿勢を見せると、落ち着いて話すことが多かった。	● 嫌いな食べ物も、一口は食べられるようになってきた。
保護者への 配慮事項	● 言葉がなかなか出ないときには、急がさないで待つようにお願いする。	● 家庭でも、調理前の食材や料理をしているようすを見せてもらうよう伝える。

ポイント！保育者の思い

子どもたちの思いを伝えたいという気持ちを大切にし、きちんと目を見て話を聞いてあげましょう。

味覚過敏や触覚過敏のために食べられない場合もあります。くれぐれも無理強いはしないようにしましょう。

▲…運動　♪…食事　🐦…排泄　👕…身のまわり　❤…人間関係　💬…言葉　✚…健康・安全　Y…学びの芽

気になる子　👕身のまわり 2歳（男児） **やるべきことをせず遊んでしまう**	気になる子　▲運動 2歳3か月（女児） **走ることを怖がる**
👕外遊びや散歩から戻ると、靴を片づけず、手も洗わずに遊び始めてしまうことがあった。 👕遊び始めてから片づけや手洗いを促すと、怒って泣き出してしまう姿が見られた。	▲手をつながなくても、安定して歩けるようになってきた。 ▲走ろうとするが、すぐに歩いてしまう。
👕やるべきことややりたいことを、見通しをもって行う。	▲思いきって走ろうとする。
👕外遊びから戻ったら、靴を片づけ、手を洗ってから遊ぶ。	▲保育者や柔らかいマットに向かって走ろうとする。
💬外から戻る前に、絵や写真を見せて、次にやるべきことを伝えておく。 💬やるべきことだけでなく「このあと電車（お気に入りの遊び）ね」などと伝え、見通しをもたせる。	💬腕を大きく広げて子どもが飛び込んでこられるように構える。 💬安全なマットや大きいクッションを用意する。
💬がんばったらいいことがある、ということがわかり、自ら靴を片づけて手を洗うようになってきた。	💬1〜2メートルであれば、保育者に向かって駆け出し飛び込んでくるようになった。
💬家庭でも、外から帰ってきたときは保育所と同じ順序で行動してもらうように伝える。	💬無理せず、短い距離から手をつないで歩いたり走ったりして体を動かすように伝える。

9月　個人案・配慮事項・発達援助別

遊びはじめてから制止されると、混乱してしまうため、あらかじめ次にやるべきことを伝えるようにしましょう。

不安が先行して走るのをあきらめてしまう場合には、安全な場所でまず走ってみるように援助しましょう。

9月 週案

CD-ROM → 1歳児_週案→p106-107_9月の週案

防災訓練

9月　週案　さくらんぼぐみ
担任：A先生（低月齢児）
　　　B先生（高月齢児）

予想される子どもの姿
- 歩行が安定し、歩いたり走ったりすることを楽しく感じる。
- 遊びに集中できるようになり、やめたがらない場合がある。
- 好きな場所や食べ物などこだわりが強くなる。

✚…健康　♥…人間関係　▲…環境　●…言葉　♪…表現

	9月○日（月）	9月○日（火）	9月○日（水）
活動予定	園庭遊び （しっぽとり、砂場遊び）	室内遊び（シール貼り）	リズム遊び
内容	▲好きな場所、遊びをみつけてじっくり遊ぶ。 ♥友だちと関わりながら遊ぶ。	♪シールを色紙からはがしたり、貼ったりすることを楽しむ。 **シールを使って、指先を使った遊びを楽しみます。**	♪リズムに乗って自由に体を動かす。 ♪打楽器をリズムに合わせて鳴らす。
環境構成	●紙テープでつくったしっぽを用意しておく。 **友だちとふれあえるよう、少人数のグループにします。**	●じっくりと遊びこめるよう、素材を十分に用意する。 ●集中できるよう一人ひとりのスペースを分ける。	●保育者が率先してのびのびと表現する姿を見せる。 ●カスタネットやマラカスなどの打楽器を用意し、音を鳴らす楽しさを体験できるようにする。
保育者の配慮	●遊びのなかで、友だちと楽しみを共有できるような言葉かけをする。	●シール貼りをしたあと、ペンやクレヨンでアレンジを楽しめるようにする。 ●個々の表現を認めながら、友だちの作品を見せ、刺激を与える。	●自由に表現する喜び、リズムを合わせる楽しさを伝える。 ●子どもたちの気持ちを盛り上げる言葉をかける。

106

ねらい
- 思いきり全身を使って遊ぶ。
- 遊びをとおして友だちとふれあう。
- 指先を使った遊びを楽しむ。

振り返り
遊びのなかで保育者の言葉をまねたり、ものの名前を口に出すことが増えてきた。友だちとの関わりも増えてきているので、言葉のやりとりができるように意識した。

9月○日（木）	9月○日（金）	9月○日（土）
園周辺の散歩	防災訓練	異年齢保育 園庭遊び
♥保育者や友だちと手をつないで歩くことを楽しむ。 **手をつなぐことで、友だちを意識するようになります。**	✚保育者の指示に従い、静かに避難する練習をする。	♪探索をしたり、体を動かしたりして遊ぶ.。
●自然の変化を感じ、会話をしながらゆったりと歩けるようにする。 ●温度調整しやすい衣服を用意する。	●保育者は実践を想定した配置で人数確認を行う。 ●通路にじゃまになるものがないか、避難経路の確認をしておく。	●異年齢同士で楽しめる手遊びを準備する。 ●適宜、日陰で休息をとれるようスペースを用意しておく。
●園周辺にある消防署や交番をルートに取り入れてみる。 ●みつけたもの、気づいたことを言葉にして伝えていく。	●地震などを想定し、子どもを落ち着かせる言葉かけを考えておく。	●異年齢同士で手をつなぐ、ペアでゲームをするなどの機会をつくってみる。

9月 週案

9月の遊びと環境

その① しっぽとり

用意するもの 鮮やかな色の紙テープ

環境のポイント
はじめてのときは保育者がしっぽを付けましょう。子どものようすに合わせて逃げたり、しっぽをとりやすいポーズをしたりします。

紙テープのしっぽを何本かはさむ

慣れてきたら……

子どもがしっぽをつけて逃げる

活動の内容
- 追いかけっこを楽しんで思いきり走る。
- 保育者や友だちとふれあいながら体を動かす。

その② シール貼り

用意するもの 鳥の形に切った画用紙、いろいろな色の丸シール

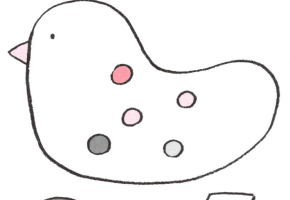

翌日は……

お面にして鳥になりきる

環境のポイント
他児と手がぶつからないよう、一人ひとり十分なスペースを確保しましょう。

丸シール

活動の内容
- 指先を使ってシールを貼ることを楽しむ。
- 鳥になりきることで、身近な生き物に興味をもつ。

9月の文例集

● CD-ROM → 📁 1歳児 _ 季節の文例集 → p109_9月の文例集

前月末の子どもの姿

- ● 保護者と夏休みを一緒に過ごしたあと、登園時に保護者と離れるのを嫌がる姿が見られた。
- ● 食具を使うことに慣れてきたが、途中であきらめて保育者に甘える子どももいた。

養護のねらい

- ● 自分でできることは自分でやってみようとする意欲を育てる。
- ● 外遊び後や食事前の手洗いを習慣づけて、清潔を保つようにする。

健康・安全への配慮

- ● 登園時には子どもの体調を確認し、ふだんとようすが違う場合には保護者に確認する。
- ● 地震を想定した避難訓練では、子どもたちが落ち着いて避難場所まで行けるよう事前に保育者同士で打ち合わせておく。

ねらい

- ✚ 自分で食事を口に運ぶ。
- ♪ 指で絵を描く。
- ● 絵本を楽しむ。

内容

- ✚ スプーンをもって、こぼしながらも自分でご飯を食べようとする。
- ♪ 指に絵の具をつけて、紙にお絵描きをする。
- ● 絵本のページを自分でめくり、描かれている絵を見て楽しむ。

環境構成

- ✚♪ 口に入れてもいい絵の具を小皿に1色ずつ3、4色分用意する。また、すぐ指を拭けるようおしぼりも多めに用意しておく。
- ▲ 子どもたちが自分で絵本を選べるよう、手にとりやすい場所に絵本を用意しておく。

保育者との関わりと配慮事項

- ✚ 絵の具が安全であっても口に入れないよう見守り、入れたときはブクブクうがいをする。
- ● 自分自身で絵本を選べなくても、手にとった絵本をめくって楽しめるよう声かけする。

職員との連携

- ● 季節が移り変わる時期で子どもたちの状況も変化しやすいので、適宜職員間で打ち合わせを行って保育内容を柔軟に変更する。
- ● 秋の行事の計画について相談する。

家庭・地域との連携

- ● 秋の作品展示会に使用する牛乳パックなどの材料を提供してもらうよう保護者に伝える。
- ● 地域の防災関係団体と連携をとって、広域避難訓練に参加する。

食育

- ● 最初から最後まで食具を使って食事をする。
- ● 食事の前に自分から手洗い場に行き、保育者に手伝ってもらいながら手を洗う。

9月 遊びと環境・文例集

健康 ✚　人間関係 ♥　環境 ▲　言葉 ●　表現 ♪

109

10月 月案・低月齢児

CD-ROM → 1歳児_月案
→ p110-p113_10月の月案（低月齢児）

10月　低月齢児　月案　さくらんぼぐみ
担任：A先生

今月の保育のポイント

手つなぎで散歩をすることに慣れ、体力もついたことから、以前よりもずっと長い距離を歩けるようになってきた子どもたち。過ごしやすい気候ですので、身近な秋の自然にふれながら戸外での探索活動、体を動かす遊びを充実させていきましょう。

前月末の子どもの姿

- 暑さが続き、体調を崩す子どもが目立った。
- 戸外散歩やリズム運動などで体を動かすことを楽しむ姿が見られた。

	ねらい	内容
健康✚ 人間関係♥ 環境🌲 言葉💬 表現♪	✚自らトイレで排泄をしようとする。 ✚食べ物に興味をもつ。 ♥💬興味にそっていろいろな言葉を話す。 ♥友だちとの関わりを楽しむ。 ♪✚音楽に合わせて体を動かすことを楽しむ。 ♪🌲戸外に出て、秋の自然に親しむ。	✚自ら便器に座って排尿しようとする。 ✚食事に出てきた食べ物の名前を知り、味や形に興味をもつ。 ♥💬戸外散歩でみつけたものを指で差し、名前を保育者に尋ねたり、知っているものの名前を言ったりする。 ♥友だちに声をかけたり、一緒に遊ぼうとしたりする。 ♪保育者の動きのまねをして、音楽に合わせて体を動かす。 ♪🌲落ち葉や木の実を拾ったり集めたりする。 ♪集めた落ち葉で見立て遊びをする。

職員との連携

- 運動会の種目や役割分担について話し合い、準備をすすめていく。
- 運動会、ハロウィンなど行事による疲れに配慮し、子どもの健康状態を共有する。

家庭・地域との連携

- 運動会のくわしい内容、準備するものや協力していただくことについて、おたよりで伝える。
- 気温差がある時期なので、着脱しやすい衣服を用意してもらうようお願いする。

養護のねらい

- 甘えてくる子どもの気持ちを受け止め、適切な援助を行う。
- 一人ひとりの心身の状態を把握し、快適に生活できるようにする。

健康・安全への配慮

- 園庭や公園の遊具を使うことも増えるので、遊具の点検を行うとともに安全な遊び方を教える。
- 子どもが拾った落ち葉や木の実を口に入れないように注意して見守る。
- 朝夕は気温が下がるので、室温や衣服の調節に留意する。

行事

- 運動会
- 身体測定
- 誕生会
- 避難訓練
- ハロウィン

10月 月案・低月齢児

環境構成	保育者の関わりと配慮事項
● トイレを清潔に保つ。 ● その日に食べた食事の肉や魚、野菜などの絵を使って食べ物の名前や味、色、形、匂いを伝える。 ● 子どもが尋ねてきたときには、その場で一人ひとり対応する。 ● 友だちへの声かけが伝わっていないときには保育者が仲立ちする。 ● 一人ひとりがぶつからないで思いきって体を動かせるようなスペースを準備する。 ● 拾った落ち葉や木の実などを入れる容器を準備する。 ● 落ち葉に貼るシールなど、見立て遊びに使える道具を準備しておく。	● 排尿できなかったときも、子どもの気持ちを受け止め声かけをする。 ● 食べ物への興味がもてるように言葉をかける。 ●「ドングリだね」「いいものみつけたね」などと口にし、子どもの気持ちに寄り添う。 ● 子どもたちで遊びを楽しんでいるときは見守り、トラブルになったときには適切に援助する。 ● 子どもたちの反応をみながら、皆が好きな曲は繰り返し楽しめるようにする。 ● 園に帰ってから、戸外でみつけた自然物の登場する絵本を読み、興味を広げる。 ● 落ち葉にシールを貼り、「お顔ができたね」など何かに見立てた声かけをする。

食育

- 秋の野菜や果物の名前を知り、興味をもつ。
- 幼児用の食具の正しい持ち方に興味をもつ。

✓ 反省・評価のポイント

- のびのび活動できる環境づくりができたか。
- 言葉を口に出すことを楽しむ子どもの気持ちに添うことができたか。
- 秋の自然を楽しみ、子どもが自らそれを発見できる場所を確保できたか。

10月 月案・高月齢児

CD-ROM → 1歳児_月案
→ p110-p113_10月の月案（高月齢児）

10月　高月齢児　月案　さくらんぼぐみ
担任：B先生

今月の保育のポイント

秋らしくなり、心身ともに落ち着いて活動しやすい時期になりました。できることが増えてくる一方で、遊びや食事、衣服などに好き嫌いも出てきます。欲求や不安を言葉で伝えるのが難しい子ども一人ひとりに向き合い、ていねいなやりとりを心がけましょう。

前月末の子どもの姿
- 友だちや保育者と言葉でやりとりしようとする姿勢が目立った。
- 友だち同士の手つなぎでの散歩に慣れ、楽しむ姿が見られた。

	ねらい	内容
健康＋ 人間関係♥ 環境★ 言葉● 表現♪	＋体を思いきり使って遊ぶ。 ♥●友だち同士でのやりとりを楽しむ。 ♥●保育者に、自分の思いを伝える。 ★近くの畑で収穫を体験する。 ♪打楽器でリズム遊びを楽しむ。	＋かけっこ、ボール遊び、固定遊具などでのびのびと遊ぶ。 ＋巧技台などで、さまざまな体の動きを楽しむ。 ♥戸外でみつけたものを友だち同士で互いに見せ合う。 ♥●苦手なこと、やりたくないという気持ちを保育者に示そうとする。 ★畑でじゃがいも掘りをする。 ＋自分たちで収穫したじゃがいもを食べる。 ♪音楽に合わせ、すずやカスタネットなど打楽器を自分なりに楽しむ。

職員との連携
- 運動会の種目や役割分担について話し合い、準備をすすめていく。
- 運動会の種目、練習について無理がないか目配りし、報告・検討を行う。

家庭・地域との連携
- 運動会のくわしい内容、準備するものや協力していただくことについて、おたよりで伝える。
- 運動会の練習のようすを伝え、保護者と共有する。
- 気温差のある時期なので、着脱しやすい衣服を用意してもらうようお願いする。

10月 月案・高月齢児

 養護のねらい
- 散歩などで季節の変化を感じられるようにする。
- 行事の際に他年齢の子どもとふれあったときも、安心して自分の気持ちを表すことができるようにする。

 健康・安全への配慮
- 気温差が激しい時期なので、衣服の調節に配慮する。
- 運動会に備え、園庭や運動用具の点検を行う。
- 戸外での活動が増えるため、子どもの動きに目を配り、危険のないように注意深く見守る。

 行事
- 運動会
- 身体測定
- 誕生会
- 避難訓練
- ハロウィン

環境構成	保育者の関わりと配慮事項
● 人気のある固定遊具は皆が順番に遊べるよう配慮し、仲立ちをする。 ● 動きごとにコーナーをつくっておく。 ● 一人ひとりにどんぐりかごやビニール袋を用意する。 ● 保育者はやりたくない子どもの表情を察知し、1対1で向き合う。 ● 収穫・食事をとおして、食べ物への興味を引き出せるようにする。 ● 簡単なリズムの曲を用意し、一緒にリズムを合わせる楽しさを感じられるようにする。	● 固定遊具の使い方はしっかりと教え、目を離さないようにする。 ● 新しい挑戦については挑戦したことを認め、子どもの意欲を引き出す。 ● 友だち同士でトラブルが起こりそうなとき、必要に応じて保育者が仲立ちをする。 ● 子どもの表情や言葉を受け止め、ゆったりした環境でやりとりを増やす。 ● 持ち帰ったじゃがいもを園内で調理してもらい、皆で味わえるようにする。 ● 体を大きく使ってリズムを表現し、楽しさを伝える。

食育
- 秋の果物や野菜の登場する絵本や歌を楽しむ。
- 園庭や近隣の畑で収穫したどろつきの野菜や果物にふれる。

反省・評価のポイント
- 子どもの発見や喜びを、ともに共有することができたか。
- 子どもの行動範囲を予測し、安全な環境を選び、整えることができたか。

10月 個人案 低月齢児・高月齢児

◎ CD-ROM → 📁 1歳児_個人案
→ 📄 p114-p117_10月の個人案（低月齢児・高月齢児）

	低月齢児 Aちゃん 1歳7か月（女児）	低月齢児 Bちゃん 1歳10か月（男児）
前月末の 子どもの姿	●保護者や他児の言葉をまねして言うことが多くなった。 ●公園や園庭の探索活動中に自然物の名前に興味を示し、「なに？」と問うことがある。	●単語数、二語文はまだ少ないが、他児と一緒にいるときの笑顔が増えている。 ●保育士の声かけにより自分の着替えをとろうとしたり、カバンをもってこようとする姿が見られた。
ねらい	●公園などで自由に歩き回り探索することを楽しむ。	●身のまわりのものを自ら準備しようとする。
内容	●秋の自然物にふれ、親しみをもつ。 	●自分で着替えやタオル、かばんなどを準備したり、身につけようとしたりする。
保育者の 援助	●本児がみつけたものを見せにきたとき、喜びに共感し受け止める。 ●落ち葉やどんぐりなどをもち帰り、絵本や図鑑を見せて興味を広げる。	●必要なものに気がつけるように声をかけ、促していく。必要に応じて援助する。 ●その都度「Bちゃんのはどれかな？」などと話しかけていく。
振り返り	●公園では自ら探索活動を楽しんでいた。活発に走り回り、帰りも元気に歩いていた。 ●どんぐりの貯金箱に自ら入れたりと、楽しむ姿が見られるため、個人でもてる容器を用意していき、本児の姿を見ていきたい。	●次にする活動を伝えると、自分のものを探そうとした。 ●やりたい、やってみたいという気持ちを大切にし、できたときには喜びを共感していく。

ポイント！ 保育者の思い

日中の気温の変化が大きい時期なので、戸外活動の際には衣服による調節など細やかに行うようにしましょう。

👕…運動　🍴…食事　🦆…排泄　👕…身のまわり　❤…人間関係　💬…言葉　✚…健康・安全　Ｙ…学びの芽

高月齢児 Cちゃん 2歳4か月（男児）	高月齢児 Dちゃん 2歳5か月（女児）
❤促すと、他児と関わることができるようになってきた。 👕衣服の着脱を自分でやってみようとするが、時間がかかるとあきらめてしまい、「やって」と言うことが多かった。	💬他児を探し自ら遊びに誘おうとするが、伝えられず黙り込み、保育者をみつめることがあった。
👕身のまわりのことを自分でしようとする。	❤他児と遊びのイメージを共有し楽しむ。
👕衣服の着脱を自分でしようとする。	❤気の合う友だちをみつけ、関わりをもって遊ぶ。
●保育者が声をかけ、着脱するところを励ましながらゆったりと見守る。 ●ボタンをとめるなど難しいところは、適切に援助する。	●遊びに誘うのをためらっているときは、保育者が仲立ちをする。 ●つかず離れずの距離を保ち、子どもだけで遊ぶ経験をさせる。
●自分でシャツを着ている他児を見て、本児も自分でやろうとがんばっていた。 ●「おててはここだよ」などわかりやすい声かけをし、できたときにはたくさんほめるようにしていきたい。	●少しずつ自分から「あそぼ」「貸して」などと言えるようになった。 ●引き続き、遊びがうまくいっているときは見守り、伝わらずもどかしそうにしているときには思いをくみとって声かけをしていきたい。

10月 個人案 低月齢児・高月齢児

ポイント！保育者の思い

2歳半ごろになると、他児と遊べるようになってきます。うまくいっているときは見守りましょう。

10月 個人案 配慮事項・発達援助別

● CD-ROM → ■ 1歳児 _ 個人案
→ ■ p114-p117_10月の個人案（配慮事項・発達援助別）

	気になる子　👕身のまわり 1歳9か月（男児） 赤ちゃん返りする	気になる子　🥄食事 1歳10か月（女児） 何でも口に入れる
前月末の子どもの姿	♥母親の入院・出産から、落ち着かない日が続いた。 👕以前は、できることは自分でやろうとしていたが、泣いて保育者を求めることが増えた。	✚食べられないものとわかっているのに、口に入れてしまうことがあった。
ねらい	👕自分でできることは自分でやろうとする。	✚口に入れてよいものといけないものがわかる。
内容	👕ズボンを自分から履こうとする。 👕スプーンを自分でもって口に運ぶ。	✚食事やおやつのとき以外は口にものを入れない。
保育者の援助	●自分でやれたときには、大いにほめる。 ●ひざの上で絵本を読むなど、保育者と2人きりで甘えられる時間やボディータッチを増やす。	●欲求不満の可能性もあるので、本児と保育者の1対1で関わる機会を多くしてみる。 ●見守りながら、口に何か入れようとしたときには保育者に渡すように促す。
振り返り	●ほめられると喜び、以前のように少しずつ自分でやろうとすることが増えてきた。	●妹が生まれて母親が妹にかかりきりになっていたのがさびしいようだった。本児の甘えたい気持ちを受け止めていきたい。
保護者への配慮事項	●母親は余裕がないことが予想されるため、園でもたっぷり甘えさせながら、焦らず長い目で見ていくことを伝える。	●下の子にかかりきりの母親の気持ちも受け止め、本児が甘えられる時間を園でたくさんとっていくことを伝える。

ポイント！ 保育者の思い

赤ちゃん返りが見られるときは、新しいことをできるようになることではなく、これまでできていたことを目標にしましょう。

何でも口に入れるときには、欲求不満のときもあります。気持ちを受け止め、関わっていくようにしましょう。

…運動　…食事　…排泄　…身のまわり　…人間関係　…言葉　…健康・安全　…学びの芽

気になる子　💬言葉	発達援助　🦆排泄
2歳3か月（男児） **言葉づかいが乱暴**	2歳4か月（男児） **おまるでの排泄に慣れてきた**
💬自分の気持ちを言葉にすることができるようになってきた。 💬一方で、乱暴な言葉づかいが見られるようになってきた。	🦆おまるでの排泄ができるようになった。
💬適切な言葉で自分の気持ちを伝える。	🦆トイレでの排泄に慣れる。
💬乱暴な言葉をつかわず、保育者や友だちと楽しく関わる。	🦆トイレに行きたいことを保育者に伝える。
●乱暴な言葉をつかったときには、==過剰に指摘することはせず==、適切な言葉を教える。 ●「〜って言われると、悲しい気持ちになるよ」と真剣な表情でストレートに伝える。	●トイレで排泄できたときには喜びを共有する。 ●==「トイレに行ってみようか」==と声かけし、トイレでの排泄につなげていく。
●興奮したときはまだ乱暴な言葉づかいをするが、徐々に減ってきている（1日に2〜3回程度）。	●トイレで排泄に成功することが多くなったことで、達成感を感じているようだった。
●保護者もナーバスになって注意しすぎてしまいがちなので、注意するのではなく、優しく言えたときにほめてもらうよう伝える。	●自宅でも「トイレ使ってみる？」というように声かけしてもらうように伝える。

10月　個人案・配慮事項・発達援助別

乱暴な言葉を減らすことではなく、適切な言葉づかいを増やすことを目標にしましょう。

おまるで排泄ができるようになったので、今度はトイレに行けるよう、声かけしていきましょう。

10月 週案

CD-ROM → 📁 1歳児_週案→p118-119_10月の週案

運動会

10月　週案　さくらんぼぐみ
担任：A先生（低月齢児）
　　　B先生（高月齢児）

 予想される子どもの姿

- 過ごしやすい気候になり、戸外での遊びを喜ぶ。
- 友だちのまねをしたり、ようすを気にするようになる。
- 自己主張が強くなり、ものの取り合いなどが増えてくる。

✚…健康　♥…人間関係　▲…環境　💬…言葉　♪…表現

	10月○日（月）	10月○日（火）	10月○日（水）
活動予定	室内遊び（巧技台、マット、トランポリン）	戸外散策（秋の自然物集め）　※戸外で落ち葉やどんぐりなどを拾って帰り、翌日はそれを使って見立て遊びに展開します。	室内遊び（見立て遊び）
内容	♪さまざまな動きや姿勢に挑戦する。	▲落ち葉やどんぐりなど、自然物にふれ、季節感を味わう。 ♥保育者や友だちと手をつないで歩く。	▲落ち葉や木の実を使って見立て遊びをする。
環境構成	●保育者がすぐに手を出して援助できる状態で見守る。 ●それぞれの遊具をサークル状に配置し、次々に新しい遊びに挑戦できるよう促していく。	●自然物をもち帰る袋を準備する。 ●自然物の図鑑や絵本、歌などを関連づけて楽しめるようにする。	●ままごと道具、容器など見立て遊びの道具を十分に用意する。　※遊び道具で、子どもたちがものの貸し借りを行えるようにします。
保育者の配慮	●できたことをほめながら、はじめてのことに挑戦する気持ちを養う。	●子ども同士で発見の驚きや喜びを共感し合えるよう仲立ちする。 ●危険な場所がないか、事前に保育者同士で確認しておく。	●ごっこ遊びをとおし、簡単な言葉のやりとりができるようにしていく。 ●道具を取り合う場面があったときは仲立ちに入り、子ども同士が納得できるよう援助する。

🎯 ねらい

- 遊びをとおして、体を十分に使う。
- ものの貸し借りができるようになる。
- 秋の自然物にふれて楽しむ。

✅ 振り返り

徐々に体を思いどおりに使えるようになり、できたときに達成感を覚えているようだった。運動会では親子でレクリエーションを楽しみ、友だちに笑顔を向ける姿が見られた。

10月 週案

10月○日（木）	10月○日（金）	10月○日（土）
室内遊び（新聞紙遊び）	園庭遊び（運動会の予行練習）	運動会
♪ 指先を使って新聞紙をちぎる感覚を楽しむ。 ✚ 新聞紙を丸めてけるなど、体を動かして遊ぶ。	✚ 体を動かして遊ぶことを楽しむ。 ♥ 保育者や友だちと走ったり、追いかけっこをしたりする。 気候がよいときは、思いきり体を動かす遊びを取り入れます。	♥ 保護者と一緒に運動会を楽しむ。 🌲 運動会の雰囲気を味わう。
● 新聞紙遊びは、ホールなど広めのスペースがとれる場所で行う。 ● ちぎった新聞紙を集める箱を用意しておく。箱が新聞紙でいっぱいになったら子どもが入って遊べるようにする。	● 思いきり走り、転んでも安全な場所で行えるようにする。 ● 斜面や階段を遊び場所に取り入れ、足の力を養えるようにする。	● 保護者も一緒に楽しめるプログラムを設定する。
● 子どもたちの反応を見ながら、さまざまな遊び方を用意し、楽しめるようにする。	● 疲れがたまっていないか、個々の健康状態に目を配る。 ● 斜面や階段では、けがのないよう注意して見守る。	● 年上の子どもの競技を見て、あこがれをもてるように言葉かけをする。 ● ふだんと違う雰囲気にとまどう子どもの気持ちに寄り添い、安心できる援助をする。

10月の遊びと環境

その① 秋の自然物集め

用意するもの ビニール袋、ひも

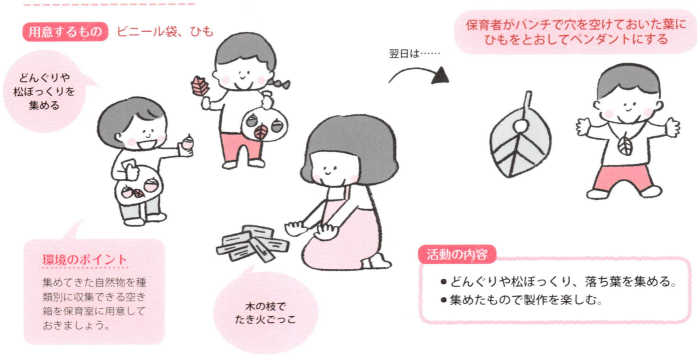

- どんぐりや松ぼっくりを集める
- 保育者がパンチで穴を空けておいた葉にひもをとおしてペンダントにする
- 翌日は……
- 木の枝でたき火ごっこ

環境のポイント
集めてきた自然物を種類別に収集できる空き箱を保育室に用意しておきましょう。

活動の内容
- どんぐりや松ぼっくり、落ち葉を集める。
- 集めたもので製作を楽しむ。

その② 新聞紙遊び

用意するもの 新聞紙、ゴミ袋

- 細かくちぎって紙ふぶき
- 2つ折りの真ん中を空けて首をとおす
- ちぎった新聞、丸めた新聞を大きいゴミ袋につめて大玉遊び

環境のポイント
新聞紙遊びは場所を広くとって、思いきり遊べるようにしましょう。

活動の内容
- 指先を使って新聞紙をさまざまな大きさにちぎる。
- 保育者をまねて、見立て遊びを楽しむ。

10月の文例集

● CD-ROM → ■ 1歳児＿季節の文例集→ p121_10月の文例集

前月末の子どもの姿

- ●保育者の話を聞き、言葉をまねしようとする姿が見られた。
- ●片言や身振り、手振りを交えて保育者や他児とやりとりしようとする姿が増えてきた。

養護のねらい

- ●過ごしやすい季節なので、戸外活動によって運動量を増やして体力をつける。
- ●いろいろな食べ物に挑戦し、味覚の育ちの基礎をつくる。

健康・安全への配慮

- ●インフルエンザの流行に備えて、手洗い、うがいを習慣づける。
- ●運動量が増えてくるので、活動後は午睡をしっかりとれるようにする。

ねらい

- ▲自然にふれ、興味をもつ。
- ♥身近にいる人に興味をもつ。
- ♪興味をもった自然物で秋を表現する。

内容

- ▲近くの公園に行き、木の実や落ち葉などを拾い集める。
- ♥友だちに興味をもち、話しかけてみる。
- ♪拾ってきた木の実や落ち葉を、大きな紙に描いた木に貼りつける。

環境構成

- ✚寒くなったときのために上着を用意し、公園で楽しく元気に遊べるように配慮する。
- ▲多くの自然物と安全に出会える場所を選び、木の実や落ち葉などを入れる袋も用意する。

保育者との関わりと配慮事項

- ●公園などでは子どもたちのようすを離れたところから見守り、自由に活動できるようにする。
- ♪●製作のときは保育者も「大きなどんぐりだね」などと言葉をかけながら、一緒に手伝う。

職員との連携

- ✚公園での活動は樹木などが死角をつくる場合があるので、職員で連携して見守る。
- ●運動会が終了したあと、担当保育者だけでなく園全体で子どもたちの体調変化に十分注意する。

家庭・地域との連携

- ●保護者だけでなく、地域の人たちにも声をかけて運動会に参加してもらうようにする。
- ●インフルエンザの予防接種について保護者にお知らせし、接種をすすめる。

食育

- ●保育者のまねをして、正しいもち方で食具をもつ。
- ●収穫の体験などをとおして、秋の食材に興味をもち、食べることを楽しむ。

健康✚　人間関係♥　環境▲　言葉●　表現♪

11月 月案・低月齢児

CD-ROM → 1歳児_月案
→ p122-p125_11月の月案（低月齢児）

11月　低月齢児　月案　さくらんぼぐみ
担任：A先生

今月の保育のポイント

運動会などの行事を1つ終えるごとに、子どもたちは自信をつけていきます。日中はさわやかな秋空が広がる時期、戸外での遊びを楽しむとともに、秋の自然物を使った表現や遊び友だちとのごっこ遊びを展開し、個々の自由な感性をのびのびと広げていけるようにしましょう。

前月末の子どもの姿

- 運動会では保護者と一緒に過ごすことで、安心して競技に参加でき、満足する姿があった。
- 友だち同士の関わりが増えてきたが、一方でかみつきなどのトラブルがあった。

	ねらい	内容
健康✚ 人間関係♥ 環境🌲 言葉● 表現♪	✚生活のなかで、さまざまな動きで体を動かす。 ✚♪体を動かして好きな遊びを楽しむ。 ●✚排泄の欲求を保育者に伝える。 ♥友だちとの関わりを楽しむ。 ♪🌲秋の自然物に興味をもつ。 ♪🌲クレヨンで好きな絵を描く。	✚階段の上り下り、傾斜のある場所を歩くことを楽しむ。 ✚♪まねっこ遊びを楽しみながら、ジャンプする、しゃがむなどの動きをする。 ●✚トイレに行きたいことを保育者に言葉で伝える。 ♥●友だちを遊びに誘ったり誘われたりする。 ♪🌲落ち葉や木の実を拾ったり集めたりして楽しむ。 ♪🌲好きな色のクレヨンを使い、自由にのびのびと描く。

職員との連携

- 子どもにつきそって園内から戸外に移動する際は、引き継ぎや報告に留意する。
- 子どものかぜの兆候、感染症の情報を保育者間で共有しておく。

家庭・地域との連携

- 個々の体調の変化、園内でのかぜの流行状況などを伝えて注意を喚起する。
- 保育参観で子どもの成長を具体的に伝え、家庭での遊びや生活の参考にしてもらう。

122

養護のねらい

- 子どもたちの「自分で」という気持ち、「イヤ」という気持ちを受け止める。
- 気温の変化に配慮し、健康に過ごせるようにする。
- 生活や遊びのなかで、さまざまな動きを経験できるようにする。

健康・安全への配慮

- 急に気温が下がる日があるので、室温や衣服で調節し、快適に過ごせるようにする。
- 消毒液を準備し、インフルエンザやウイルス性胃腸炎などが流行しないよう努める。

行事

- 身体測定
- 誕生会
- 避難訓練
- 保育参観

11月 月案・低月齢児

環境構成	保育者の関わりと配慮事項
● 園内の階段、戸外では凹凸やわずかな段差のある公園など、安全に歩ける場所をみつけておく。 ● 子ども同士がぶつからないよう、ゆったりとしたスペースで行う。 ● 一人ひとりの排泄の間隔を把握し、タイミングよくトイレへ誘えるようにする。 ● かみつきなどを防げるよう保育者の配置に気を配る。 ● 自然物でお店屋さんごっこができるよう、容器を準備する。  ● まわりが気になって集中できない子どもは、スペースを分けるなど場所を変えてみる。	● ちょっとした段差でもつまずくことがあるので、目を離さずに見守る。 ● 子どもたちの反応を見ながらさまざまな動きを経験できるようにする。 ● トイレでの排泄がうまくいったときには一緒に喜ぶ。 ● かみつきなどのトラブルがあったときには、保育者がお互いの気持ちを代弁する。 ● 保育者が手本を示し、遊びの設定を共有しながら一緒に楽しむ。 ● 一人ひとりが集中して心ゆくまで描けるよう、時間に余裕をもたせて行う。

食育

- 野菜についての話を聞いたり、絵本を見たりする。
- 自分で食べられる食事の量を知る。

反省・評価のポイント

- 子どもの新しい発見や工夫をともに楽しみ、喜ぶことができたか。
- 冬に向けて、インフルエンザなど感染症の対策は十分にできたか。
- 一人ひとりの成長を保護者に伝えられたか。

11月 月案・高月齢児

◎ CD-ROM → 📁 1歳児 _ 月案
→ 📁 p122-p125_11月の月案（高月齢児）

11月　高月齢児　月案　さくらんぼぐみ
担任：B先生

今月の保育のポイント

運動会を経て、体を使って思いきり遊ぶことが好きな子どもが増えてきます。秋の長雨が続くこともある時期ですので、室内でものびのびと遊べるスペースを工夫しましょう。自由に体を解放する遊び、マットや鉄棒を使った遊びなど、バリエーションも考えていきましょう。

前月末の子どもの姿

- 運動会で保護者に見守られ、一生懸命に競技に取り組むことができた。
- 遊びの際に、仲のいい友だちを探す姿が見られるようになった。

	ねらい	内容
健康 ✚ 人間関係 ♥ 環境 ▲ 言葉 💬 表現 ♪	✚ 思いきり体を動かすことを楽しむ。 ✚▲ 秋の自然を感じながら、戸外で元気に遊ぶ。 ♥💬 自分の好きなことをのびのびと伝える。 ♥ 友だちと関わりながら遊ぶ。 ♪ 保育者と一緒に歌うことを楽しむ。 ♪ 自然物で見立て遊びをする。	✚ マットや巧技台などで体を動かして遊ぶ。 ✚ 戸外に出て、歩くこと、走ることを楽しむ。 ♥💬 好きな動物や食べ物について友だちや保育者に伝える。 ♥ ものの貸し借りをとおして、友だちに興味をもつ。 ♪ 好きな歌や手遊びを何度も繰り返し楽しむ。 ♪ 拾ったどんぐりや落ち葉を食材に見立てたり、お店屋さんごっこをする。

職員との連携

- 子どもにつきそって園内から戸外に移動する際は、引き継ぎや報告に留意する。
- 子どものかぜの兆候、感染症の情報を保育者間で共有しておく。

家庭・地域との連携

- 個々の体調の変化、園内でのかぜの流行状況などを伝えて注意を喚起する。
- 調節しやすい衣服を用意してもらうとともに、保護者に薄着の大切さを伝える。

養護のねらい

- 安全に気をつけながら、体を動かして遊べるようにする。
- 上着の着脱、ボタンのかけ外しなどが少しずつできるようにする。

健康・安全への配慮

- 急に寒くなる日があるので、室温や衣服の調節に気をつけ、快適に過ごせるようにする。
- 消毒液などを準備し、インフルエンザやウイルス性胃腸炎などが流行しないよう努める。

行事

- 身体測定
- 誕生会
- 避難訓練
- 保育参観

11月 月案・高月齢児

環境構成	保育者の関わりと配慮事項
● マットや巧技台が安全であるか、確認しておく。 ● 紅葉している道や公園を選び、自然の変化を感じる機会をつくる。 ● 動物や食べ物の絵本を用意し、言葉を引き出していく。 ● 子ども同士で取り合いにならないよう、十分な量の玩具を用意する。 ● 「どんぐりころころ」など、季節の歌を準備する。  ● 遊びが発展するよう、段ボールや色紙などを準備しておく。	● 子どもたちに「やってみたい」という気持ちが起きるように声かけをしていく。 ● 道路や公園では急にかけ出したりしないよう、注意点を伝える。 ● 子どもが話してくれたことを喜び、共感していることが伝わるような声かけをする。 ● 「貸して」「どうぞ」などの言葉が言えるよう保育者が仲立ちしていく。 ● クラスだよりに歌をのせて、保護者と楽しめるようにする。 ● 保育者がお客さんになったり、落ち葉を並べてみたりしてともに遊びを発見する。

食育

- 1回で口に入る食材の量がわかる。
- 食べながら料理のなかに食材をみつけ、その名前を口にすることを楽しむ。

反省・評価のポイント

- 気候の変化や子どもの体調に合わせて、衣服の調節ができたか。
- 戸外遊びで自然物にふれる機会が増えるなか、衛生管理に注意できたか。

11月 個人案 低月齢児・高月齢児

◎ CD-ROM → 📁 1歳児_個人案
→ 📁 p126-p129_11月の個人案（低月齢児・高月齢児）

	低月齢児 Aちゃん 1歳8か月（女児）	低月齢児 Bちゃん 1歳11か月（男児）
前月末の 子どもの姿	●秋の自然物にふれ、覚えた言葉を何度も繰り返して言う姿が見られた。 ●衣服の着脱を時間をかけて自分でやろうとする姿が見られた。	●活動や遊びを楽しむなかで、少しずつ言葉が増えてきた。 ●階段を上ったり降りたり、短い距離を走ったりすることを楽しんでいた。
ねらい	●身のまわりのことを自分でしようとする。	●戸外で十分に体を動かして遊ぶ。
内容	●衣服の着脱を最後まで自分でやろうとする。	●さまざまな遊具に挑戦する。 ●走る、ジャンプする、つかまるなど、体の使い方を覚える。
保育者の 援助	●自分でやりたがるときは、声かけをしながらゆったりと見守るようにする。 ●「自分で」という意欲をそがないように時間がかかっても見守るようにする。	●保育者も一緒に体を動かし、「ジャンプしよう」などと声をかけながら楽しむ。 ●安全な遊び方を説明し、部分的に復唱させながら理解させていく。
振り返り	●着た服が前後逆であっても、「自分で着ることができた」と喜んでいた。 ●「うさぎちゃんが前だね」などの声かけで、衣服の前後ろを意識できるよう援助していく。	●斜面や巧技台を積極的に登る姿が見られた。 ●積極的に動き回る姿が見られるので、転倒に注意し見守っていく。

ポイント！保育者の思い

1日の気温差もあり、かぜをひきやすい時期でもあるので、一人ひとりのようすをよく見て、こまめに脱ぎ着できるよう気をつけましょう。

👕…運動　🍼…食事　🐥…排泄　👚…身のまわり　❤️…人間関係　🗨️…言葉　✚…健康・安全　Ｙ…学びの芽

高月齢児 Cちゃん 2歳5か月（男児）	高月齢児 Dちゃん 2歳6か月（女児）
❤️保育者に甘えるようすが減り、友だち同士で遊べるようになった。 🗨️「〜して」「〜したい」と気持ちを言葉で表すことが増えた。	❤️気の合う友だちをみつけ、やりとりしながら遊ぶようになってきた。 🍼苦手なものなど食べられるものが増えてきているが、食べさせてもらうことが多い。
🗨️他児に気持ちを伝え、関わりをもとうとする。	🍼最後まで自分で食べる。
🗨️自分が主張するだけでなく、誘ったり共感したりする言葉のやりとりを楽しむ。	🍼苦手なものも口にし、完食する。
🗨️「おもしろいね」「一緒に〜しよう」などの言葉を、保育者が意識的に使っていく。 🗨️本児がそうした言葉を返してきたとき、笑顔で喜びと共感を表現する。	🍼せかさないようにかける言葉に注意しつつ励まし、一人で食べすすめられるようにする。 🍼「おいしいね」「○○ちゃんは食べ終わったね」など意欲的に食べられるような声かけをする。
🗨️他児を遊びに誘い入れたり、積極的に話しかけていた。 🗨️友だち同士イメージが共有できるよう、必要なときは代弁していった。	🍼保育者の促しで、三角食べをしながら完食することができる日もあった。 🍼引き続き、保育者が食べるようすを見せたり、他児の食べているようすを伝えることで、意欲が向くように関わっていく。

ポイント！ 保育者の思い

自己主張も強くなるので、一人ひとりの要求を受け止めながら、達成感が感じられるようにしていきましょう。

11月　個人案　低月齢児・高月齢児

11月 個人案 配慮事項・発達援助別

◎ CD-ROM → 📁 1歳児＿個人案
→ 📁 p126-p129_11月の個人案（配慮事項・発達援助別）

	気になる子 ♥人間関係 1歳10か月（男児） 玩具をひとり占めする	気になる子 ✚健康・安全 1歳11か月（女児） 登園が遅い日や休む日が多い
前月末の 子どもの姿	▼一人遊びができるようになり、20分程度集中して遊ぶことができるようになった。 ♥好きな玩具をひとり占めしてしまう姿がよく見られた。	✚登園が遅い日や休む日が多い。 ✚登園したときに眠そうにしていることが多い。
ねらい	●遊びたい玩具を選び、気持ちを言葉で表す。	✚基本的生活習慣を身につける。
内容	▼遊びたい玩具を自分で選ぶ。 ●「いいよ」や「いや」の気持ちを言葉で表そうとする。	▲元気よく、体を動かして遊ぶ。 ✚元気に登園し、午睡の時間はしっかりと休む。
保育者の 援助	●浅く小さめのかごなどを用意し、そこに入る範囲で玩具を選ぶように促す。 ●玩具を貸しても数分後に玩具が戻ってくるようなやりとりを数回繰り返す。	●家庭での生活習慣を身につけて、朝きちんと起きられるよう保護者と連携する。 ●「次はお昼寝の時間だね」などと声かけし、規則正しく過ごすよう保育者が働きかける。
振り返り	●使いたい玩具を選べるようになり、保育者が「貸して」と言うと貸すことができるようになった。	●保護者の協力で、遅刻や欠席が減ってきた。
保護者への 配慮事項	●わがままではなく、見通しがもてないゆえに不安になり、嫌がっているのかもしれないことを伝える。	●基本的生活習慣の獲得には保護者の協力が欠かせないことを伝える。

ポイント！ 保育者の思い

友だちに貸しても大丈夫という見通しをもってもらえるよう、やりとりを繰り返しましょう。

帰宅が遅いなど、保護者の情況についてよく聞き取り、保護者の事情や気持ちを理解したうえで協力をお願いしていきましょう。

▲…運動　♪…食事　🐓…排泄　👕…身のまわり　♥…人間関係　💬…言葉　✚…健康・安全　🌱…学びの芽

発達援助　🌱学びの芽	発達援助　👕身のまわり
2歳2か月（女児） **絵本が好き**	2歳6か月（男児） **自分でズボンを履こうとする**
🌱絵本が好きで、自分で保育者のところへ読んでほしい絵本をもってくるようになった。	👕身のまわりのことで時間がかかると、途中であきらめる姿が見られた。 👕昼寝が終わったときに自分でズボンを履こうと努力していた。
🌱絵本に興味をもち、楽しむ。	👕着替えを自分でする。
🌱保育者や友だちと絵本を開いて楽しむ。	👕保育者の声かけにより、自分からすすんで着替えをする。
●手の届くところに好きな絵本を置いて、いつでも見られるようにする。 ●ほかの絵本にも興味をもてるよう、配慮する。	●時間がかかっても、急がせないで見守る。 ●どうしてもできないときには、さりげなく手伝う。
●手の届くところに絵本を置いたことで、今までよりもいろいろな種類の絵本を見るようになった。	●時間はかかるが、一人で着替えができるようになった。
●図書館で絵本を借りるなどして、自宅でも絵本にふれる機会を増やしてもらう。	●着替えができるようになったことをほめ、さらに自分でできることを増やせるように協力してもらう。

11月　個人案　配慮事項・発達援助別

まだ文字は読めないけれど、絵本の絵を楽しむようになる時期です。好きな絵本を把握しておくようにしましょう。

自分でしようとする意欲が芽生えているので、上手にできなくても、その気持ちをほめて意欲を伸ばしていきましょう。

11月 週案

CD-ROM → 1歳児_週案 → p130-131_11月の週案

保育参観

11月　週案　さくらんぼぐみ
担任：A先生（低月齢児）
　　　B先生（高月齢児）

 予想される子どもの姿

- 気温が下がり、鼻水の出ている子どもが増える。
- 衣服の着脱など、身のまわりのことを自分でしようとする。
- 秋の自然物への興味が増し、収集を楽しむ。

✚…健康　♥…人間関係　🌲…環境　💬…言葉　♪…表現

	11月○日（月）	11月○日（火）	11月○日（水）
活動予定	室内遊び（お絵描き）	戸外散策（秋の自然物を集める）	室内遊び（身近なものを使った楽器遊び）
内容	♪クレヨンや絵の具（タンポ）を使ってのびのびと描く。	🌲秋の自然物の発見を楽しみながら歩く。 ♥友だちと関わりながら探索を行う。	♪手づくり太鼓などを使って、いろいろな音を楽しむ。
環境構成	●大きめの紙を使い、思いきり描くことを楽しめるようにする。 ●画材、紙を十分に用意しておく。	●紅葉、ミノムシなどが見られる場所を下見しておく。 ●発見物をもち帰れる袋や容器を用意しておく。	●段ボール箱や空き缶でつくった太鼓を用意し、質感の違う音を楽しめるようにする。 ●自由に叩いたり、音楽に合わせて鳴らしたりする。
保育者の配慮	●画材を口に入れないように注意する。 ●個々の思いや表現を受け止め、自由に描く楽しさを共有する。	●小さな気づきを言葉にして、喜びを共有していく。	●手づくり太鼓は丈夫さ、安全性に留意して作製する。 ●手で叩く音、棒で叩く音の違いへの気づきを促す。

🎯 ねらい

- 友だちと一緒に遊ぶ。
- 遊びのなかで自己表現をする。
- 簡単なルールのある遊びを楽しむ。

✅ 振り返り

玩具や自然物を使った遊びのなかで、自分なりの楽しみ方を発見するようすがあった。その喜びを新たな好奇心、自立心につなげていくことを意識して言葉かけを行った。

11月 週案

11月○日（木）	11月○日（金）	11月○日（土）
保育参観 ＞ 週の前半で取り組んだお絵描き、楽器遊びを見てもらいます。	園庭遊び（低月齢児：鬼ごっこ、高月齢児：かくれんぼ）	異年齢保育 室内遊び
♪お絵描きや楽器遊びを楽しんで行う。	♥鬼ごっこ、かくれんぼなど簡単なルールのある遊びを行う。 ＞ 体が温まる遊びを取り入れましょう。	🎄好きな遊びをじっくりと楽しむ。
●保護者に見守られながら、のびのびと表現できる雰囲気をつくる。	●少人数のグループをつくり、親密に遊べるようにする。	●ブロック、パズル、絵本、ままごと道具などの玩具を用意する。
●ふだんとの違いにとまどう子どもの表情に注意して見守る。 ●落ち着いていつも通り活動できるよう時間をゆったりととる。	●活動に応じて、衣服の調節に気をつける。 ＞ 寒くなってくるので、体調を崩さないように注意します。	●友だち同士で遊べるように保育者が仲立ちする。 ●年上の子どもが遊ぶようすを、保育者と一緒に見て覚えられるようにする。

11月の遊びと環境

その① まねっこ遊び

環境のポイント
子ども同士がぶつからないように一人ひとりのスペースを確保しましょう。

慣れてきたら……

動きのバリエーションを増やしてみる

保育者の動きを子どもがまねします

活動の内容
- 保育者の動作をまねることを楽しむ。
- ジャンプする、しゃがむ動作を行う。

その② 手作りの太鼓遊び

用意するもの 段ボール、ガムテープ、空き缶、バチ（割りばし）

ガムテープで閉じた段ボールを思いきり叩く

環境のポイント
音楽に合わせて太鼓を叩けるよう、季節の曲「やきいもグーチーパー」を用意しておきましょう。

活動の内容
- 太鼓の音を楽しむ。
- 曲に合わせて音を出して楽しむ。

11月の文例集

CD-ROM → 1歳児_季節の文例集→ p133_11月の文例集

前月末の子どもの姿
- 運動会を無事終えたことで自信をもった子どもが多く見られ、活動に対して意欲的になった。
- 保育者に「イヤ」「ダメ」と言うことができず、泣く子どもも見られた。

養護のねらい
- 子どもたちの自我の芽ばえを受け止め、次の成長へとつなげていく。
- 少しずつ寒くなってきて体調を崩しやすい時期なので、保育中にも十分注意する。

健康・安全への配慮
- 保育中にふだんとようすが違うと感じたときには、検温などによって状態を確認する。
- 肌寒い日でも運動するとすぐに汗をかく子どもがいるので、細かく目を配り衣服を調整する。

ねらい
- ✚戸外で体を十分に動かして遊ぶ。
- ♥💬自分の気持ちを言葉で伝えようとする。
- ♪リズムに合わせた動きを楽しむ。

内容
- ✚目標物を決めてそこまで歩いたり、友だちとかけっこをしたりして遊ぶ。
- ♥💬保育者に、要求や拒否の気持ちを言葉で伝えようとする。
- ♪太鼓に合わせて、歩く、座る、跳ぶなどして遊ぶ。

環境構成
- ✚寒いときは室内で体を動かせるよう保育室を片づけ、安全に運動できるスペースをつくる。
- ♪叩くリズムに合わせやすいよう、音の大きな太鼓を用意する。

保育者との関わりと配慮事項
- ♥体を動かして遊ぶときは、子どもと一緒に保育者も動き、楽しさを共有する。
- ♪太鼓の音を嫌がる場合、小さな音で叩く、別の打楽器に替えるなど、臨機応変に対応する。

職員との連携
- 子どもたちがどのような運動をできるか、一人ひとりについて把握し、職員で共有する。
- 園全体で、感染症拡大予防マニュアルを再確認しておく。

家庭・地域との連携
- 登園時に、発熱の有無、平常と違うようすの有無などを保護者に確認する。
- 保育所利用を検討している地域の親子に、保育所の雰囲気を体験してもらう。

食育
- 季節の果物や野菜を食べながら、興味や関心をもつ。
- 友だちや保育者と一緒に落ち着いて楽しく食事をする。

健康 ✚　人間関係 ♥　環境 🍁　言葉 💬　表現 ♪

12月 月案・低月齢児

CD-ROM → 1歳児_月案
→ p134-p137_12月の月案（低月齢児）

12月　低月齢児　月案　さくらんぼぐみ
担任：A先生

今月の保育のポイント

冬らしくなり、かぜの流行や体調を崩すことが心配されますが、戸外で活発に体を動かしたり、冬の訪れを感じたりすることも大切です。ただし、寒さが厳しい日は無理せずに室内での活動に切りかえ、元気に年末年始を迎えられるようにしましょう。

前月末の子どもの姿

- 遊びや日々の生活のなかで、保育者や友だちとのやりとりを楽しめるようになってきた。
- 一方で、要求や気持ちを泣くことで表現する姿も見られた。

	ねらい	内容
健康✚ 人間関係♥ 環境🌲 言葉💬 表現♪	✚戸外で体を十分に動かして遊ぶ。 ✚自ら手洗いをしようとする。 ♥友だちとの関わりを楽しむ。 ♥💬自分の気持ちを言葉で伝える。 ♪♥保育者と一緒に好きな遊びをみつけ、じっくり遊ぶ。 ♪🌲指先を使って遊ぶ。	✚砂場遊び、かけっこ、ボール遊びなど、個々に好きな遊びを楽しむ。 ✚保育者の手を借りながら自分で手を洗う。せっけんを泡立てる感触も楽しむ。 ♥💬友だちと手をつないで散歩をしながら言葉のやりとりをする。 ♥💬「イヤ」「こっち」など、短い言葉で意思表示をする。 こっち ♪🌲特定の玩具に興味をもち、一人でじっくりと遊ぶ。 ♪🌲粘土遊び、新聞紙をちぎるなど、指先の感触を楽しんで、集中して遊ぶ。

職員との連携

- 感染症が発生した場合は、口頭だけでなく貼り紙などでも情報を共有する。
- 行事の準備、年末年始のスケジュールを早めに相談、確認し合う。

家庭・地域との連携

- 感染症が発生したときには保護者に貼り紙と口頭の両方で伝える。
- 新しい上着には名前の記入をお願いする。
- 年末年始の休みを確認するとともに、家族でどのように過ごすかなどを聞いておく。

養護のねらい

- 戸外遊びのあとや食前の手洗いを習慣づけるようにする。
- ものの取り合いなどがあっても、安心して自分の思いを伝えることができるように、相手の気持ちを受け止めていくようにする。

健康・安全への配慮

- 暖房は室外との気温差を考えて調節し、換気や湿度調整にも気を配る。
- 感染症予防のため、手洗い、うがいを徹底する。
- 火災を想定した避難訓練のなかで、移動方法や火災が広がらないように扉を閉めるなど、注意点を確認する。

行事

- 作品展
- 身体測定
- 誕生会
- 避難訓練
- クリスマス会

12月　月案・低月齢児

環境構成	保育者の関わりと配慮事項
● 戸外の遊び場に危険なところがないか、確認しておく。 ● 水道の前に踏み台を準備する。  ● 事前に散歩コースに危ない場所がないか確認しておく。 ● 友だちの言葉によって、泣き出す子どもがいないよう注意し、話すことが楽しめる雰囲気をつくる。 ● 友だちにじゃまをされると泣く子どももいるので、空いたスペースを利用してコーナーを分ける。 ● 保育者が手本をみせ、遊びのバリエーションを示す。	● 気温、体温に応じて上着の着脱を行い、体を冷やさないように注意する。 ● 清潔になる心地よさや生活のルールを覚える達成感を感じさせる。 ● 言葉が出てこない場合は、一緒に歌を歌うなどして楽しさを共有する。 ● 子どもの気持ちをくんで言葉を補って返し、会話のやりとりを成立させる。 ● 環境を整え、発見や気づきに共感していく。 ● 製作では子どもの興味のあるもの、季節のものを取り入れる。

食育

- クリスマスの行事食を皆で食べることを楽しむ。
- 食事の前にメニューを聞き、食への期待を高める。

反省・評価のポイント

- 気候に配慮しながら、元気に戸外遊びができたか。
- 感染症予防や衛生・室温管理は行き届いていたか。
- クリスマスなど季節の風物詩を楽しむ演出ができたか。

12月 月案・高月齢児

◎ CD-ROM → 📁 1歳児_月案
→ 📁 p134-p137_12月の月案（高月齢児）

12月　高月齢児　月案　さくらんぼぐみ
担任：B先生

今月の保育のポイント

かぜの流行が心配な季節ですが、子どもの成長には日光に当たり元気に体を動かして遊ぶことが必要です。寒い日の戸外活動では、衣服の調節や遊びの選択、また活動時間を調整して取り組みます。クリスマスやお正月を前に、季節感をたっぷり楽しんでいきましょう。

前月末の子どもの姿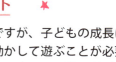

- 日中はトレーニングパンツで過ごし、意欲的に排泄に向かう子どももいた。
- 中旬からは鼻水が出たり、おなかをこわすなど体調不良の子どもが多くなった。

	ねらい	内容
健康✚ 人間関係♥ 環境🎄 言葉💬 表現♪	✚活動の前にトイレに行く。 ✚自発的にせっけんで手を洗おうとする。 ♥異年齢児と接する。 ♥♪友だちと遊ぶ楽しさを知る。 ♪🎄季節の行事にちなんだ歌や絵本を楽しむ。 ♪🎄クリスマスやお正月の行事に興味をもつ。 ♪自分なりに表現することを楽しむ。	✚排尿のタイミングがわかり、遊びの前にトイレに行こうとする。 ✚自分で服のそでをまくり、せっけんを泡立てて両手を洗う。 ♥異年齢児と手をつなぎ、散歩に行くことを楽しむ。 ●友だちとごっこ遊びをする。 ♥💬自分のしたいことを友だちに伝えようとする。 ♪🎄クリスマスツリーの飾りつけやリースの製作を楽しむ。 ♪🎄サンタさん、トナカイなど知っているものの名前を言葉に出す。 ♪好きな動物になりきって、鳴き声や動きをまねする。

職員との連携

- 感染症が発生した場合は、口頭だけでなく貼り紙などでも情報を共有する。
- 一人ひとりの体調を把握し、保護者からの情報も共有し合う。

家庭・地域との連携

- 感染症が発生したときには、保護者に貼り紙と口頭の両方で伝える。
- 新しい上着には名前の記入をお願いする。
- 年末年始の休みを確認するとともに、家族でどのように過ごすかなどを聞いておく。

養護のねらい

- 寒さのなかでも元気に過ごせるように、戸外で体を動かす活動を取り入れる。
- 戸外遊び後や食事前の手洗いを習慣づける。

健康・安全への配慮

- 暖房は室外との気温差を考えて調節し、換気や湿度調整にも気を配る。
- 感染症予防のため手洗い、うがいを徹底する。
- 火災を想定した避難訓練のなかで、移動方法や火災が広がらないように扉を閉めるなど、注意点を確認する。

行事

- 作品展
- 身体測定
- 誕生会
- 避難訓練
- クリスマス会

12月 月案・高月齢児

環境構成

- トイレに行くことが楽しみになるような明るい雰囲気づくりをする。
- 手洗いの手順をポスターを貼るなどしてわかりやすく示す。
- 異年齢児への接し方を保育者が示す。
- 保育者が遊びのきっかけを提供し、子どもたち同士で関わりをもったら一歩退いて見守る。
- ツリーやリースの型紙、シールを準備する。
- 「赤鼻のトナカイ」の歌やクリスマスが題材の絵本を用意しておく。
- 動物のまねをしながら体を動かせるよう、音楽を用意しておく。

保育者の関わりと配慮事項

- 遊びの前にトイレに行けるよう保育者がタイミングよく声かけする。
- 蛇口のひねり方、せっけんの泡立て方を子どもたちと一緒に確認する。
- 異年齢児と楽しく過ごせるよう、保育者が仲立ちする。
- 遊びが展開できていれば必要以上に介入せずに、近くで見守る。
- 行事にちなんだ言葉を伝え、クリスマス会当日を待つわくわくした気持ちを共有する。
- 子どもの興味のあるもの、季節のものを取り入れて楽しく行っていく。
- 動物を途中で交代するなどして、さまざまな動きを経験できるようにする。

食育

- クリスマスの行事食を皆で食べることを楽しむ。
- 楽しい雰囲気のなかで、苦手なものも少しずつ食べてみようとする。

反省・評価のポイント

- 気温に配慮しつつ、元気に戸外活動ができたか。
- 子どもたちが行事や季節感を味わえるような計画ができたか。

12月 個人案 低月齢児・高月齢児

● CD-ROM → 📁 1歳児_個人案
→ 📁 p138-p141_12月の個人案（低月齢児・高月齢児）

	低月齢児 Aちゃん 1歳9か月（女児）	低月齢児 Bちゃん 2歳（男児）
前月末の 子どもの姿	♥他児と遊んでいる際、「Aちゃんの！」と言って玩具をとり合うことがあった。 ♥他児に自分から関わろうとするようすが目立った。	▲戸外で、いろいろな遊びを試すことを楽しんでいた。 ●保育者に対し積極的に話しかける姿が見られた。
ねらい	♥他児と玩具の貸し借りをする。	●言葉をまねるなかで語彙を増やしていく。
内容	♥保育者の仲立ちのもと、他児と玩具を共有する。 ♥身振りや言葉で「貸して」「どうぞ」と伝えるようになる。	●興味のあるものをきっかけに、単語や二語文を繰り返したりして遊ぶ。
保育者の 援助	●他児と一緒に遊びを展開できるよう、保育者が適切に介入する。 ●他児と楽しさを共有する喜びを伝えていく。	●好きな乗り物の絵本を用意し、一緒に楽しむ。 ●乗り物の名称を伝えたり、「どれが好き？」などと声かけして会話につなげる。
振り返り	●他児と玩具の貸し借りをする機会はあったが、遊びを共有することはまだ難しい。 ●なぜ貸したくないのかなど、本児の思いにもっと寄り添っていく必要がある。	●「これ」と指差した乗り物の名前を保育者が伝えると、一緒に口に出していた。

ポイント！保育者の思い

友だちとのトラブルが多い時期ですが、「かして」「いいよ」などの言葉で気持ちが通じることの喜びが感じられるようにしましょう。

…運動 …食事 …排泄 …身のまわり ♥…人間関係 …言葉 ✚…健康・安全 Y…学びの芽

12月 個人案 低月齢児・高月齢児

高月齢児 Cちゃん 2歳6か月（男児）	高月齢児 Dちゃん 2歳7か月（女児）
・衣服の着脱はかなりできるようになったが、保育者が声をかけるまでは遊んでいることが多かった。 ・ボタンかけを自分でしてみようとする姿が見られた。	・他児が何をしているか、興味をもつことが増えた。 ・見立て遊び、ごっこ遊びをしていることが多い。
・指先を使った遊びをする。	・他児との遊びのなかで自分を表現する。
・ボタンかけ、シール貼り、パズルなどをじっくり集中して楽しむ。	・ごっこ遊びで、本児のもっているイメージを他児に提案して、一緒に楽しむ。
・そばで見守りながら、時間をかけて取り組む意欲を後押ししていく。 ・できたことをほめたり、やりとりをしたりすることで遊びこめるようにする。	・本児の思いをくみとり、保育者が代弁しながら他児との橋渡しをする。 ・本児の思いつきや工夫に共感し、自信をもたせる。
・ボタンかけには興味をもって取り組むが、途中であきらめてしまうことも多かった。 ・うまくいかないときには励まし、時間をかけて挑戦できるよう声をかけていく。	・見立て遊びに豊かな発想があった。ほめると、より積極的に話す姿があった。 ・ごっこ遊びで他児を誘うことが多くなった。その半面、もののやりとりがうまくいかずトラブルにつながっていたので、その都度声をかけ見守っていきたい。

ポイント！保育者の思い

指先が発達し、徐々にボタンをとめたり外したりすることができるようになる時期です。

12月 個人案 配慮事項・発達援助別

◎ CD-ROM → 📁 1歳児_個人案
→ 📁 p138-p141_12月の個人案（配慮事項・発達援助別）

	気になる子 ♥人間関係 1歳11か月（女児） 視線が合いにくい	発達援助 🦆排泄 2歳1か月（男児） 便意がわかるようになった
前月末の 子どもの姿	♥保育者や他児に関心を示さず、一人で遊んでいることが多い。 ♥保育者が名前を呼んでも振り向かない。	🦆尿意だけでなく、便意も自分で感じるようになった。
ねらい	♥保育者や他児に関心をもち、名前を呼ばれたら顔を見る。	🦆便意を保育者に伝える。
内容	♥保育者に関心をもち、一緒に遊ぶ楽しさを感じる。 ♥名前を呼ばれたら振り向き、顔を見る。	🦆便意を感じたときには、自分から保育者に伝えようとする。
保育者の 援助	●着替えや食事のときは、顔を見ながら温かい雰囲気で援助する。 ●くすぐりや手遊びなどを積極的に行う。	●間に合わなくても、便意を伝えてきたときにはほめるようにする。 ●保育者がようすを観察し、早めにトイレに誘導して達成感を味わえるようにする。
振り返り	●くすぐり遊びを楽しみ、名前を呼ぶと反応するようになってきた。	●間に合わないときもあるが、伝えられたときはうれしそうであった。
保護者への 配慮事項	●くすぐりや「いないいないばあ」、手遊びなど、ふれあい遊びをたくさん行ってもらうよう伝える。	●自宅でも便意を伝えてきたときにはほめ、トイレに連れて行って排泄させてもらう。

ポイント！ 保育者の思い

目をじっと見ることに恐怖感をもつ子どももいるので、顔を見ることを目標にしましょう。

便意が伝えられるようになり、排泄に対する意欲が高まっているようです。トイレでの排泄につなげていけるよう援助しましょう。

…運動　♪…食事　🦆…排泄　👕…身のまわり　♥…人間関係　💬…言葉　✚…健康・安全　Y…学びの芽

12月 個人案 配慮事項・発達援助別

気になる子　♥人間関係	気になる子　♥人間関係
2歳3か月（女児） 「やって」と甘えることが増えた	**2歳6か月（男児）** 他児を押したり叩いたりする
♥他児への関心が高まり、他児がやっていることをまねするようになった。 ♥着替えや食事など、他児が先に終えてしまうと、泣き出して「やって」と保育者に甘えるようになった。	♥他児を意識するようになり、一緒に遊びたがるようになった。 ♥少し他児がぶつかると、押し返して泣かせてしまった。
♥自分でできることを最後までやり遂げ、自信をつける。	♥他児に優しく関わろうとする。
♥自分で身のまわりのことを最後までやろうとする。	♥他児を押したり叩いたりするのではなく、優しくタッチすることで関わる。
☺できたときはハイタッチして「できた！」を一緒に喜ぶ。 ☺途中でも「がんばっているね」「その調子」と声をかけたり、他児とともに応援したりする。	☺手が出てしまう前に「タッチだよ」と声をかけ、手を添えて援助する。 ☺他児にもタッチでコミュニケーションしあう遊びを取り入れる。
☺一時的に自信が低下していたが、少しずつ自信を取り戻し、さまざまなことに前向きに取り組むようになった。	☺他児からもタッチしてくれることが増え、タッチをとおして楽しく友だちと関わることができている。
☺他児のまねをしたり気にしたりすることは発達上重要なことなので、保護者とともに長い目で成長を見守っていくことを伝える。	☺家でもタッチなどのコミュニケーションを増やしてもらい、楽しい気持ちでふれあうことの快感を共有するようにお願いする。

友だちのことを気にしないようにさせるのではなく、友だちと一緒にがんばるという気持ちを育てていきましょう。

押したり叩いたりする行動に代わる適切な行動を増やす計画を立てることが大切です。

12月 週案

CD-ROM → 1歳児_週案→p142-143_12月の週案

クリスマス会

12月 週案 さくらんぼぐみ
担任：A先生（低月齢児）
　　　B先生（高月齢児）

 予想される子どもの姿

- かぜ気味の子どもが増えるため、戸外活動は臨機応変に判断する。
- クリスマスやお正月などの行事に興味をもつ。
- 寒いと体を動かしたがらなかったり、外に出たがらない子どももいる。

✚…健康　♥…人間関係　🌲…環境　💬…言葉　♪…表現

	12月○日（月）	12月○日（火）	12月○日（水）	
活動予定	戸外遊び（かけっこ、ボール遊びなど）	室内遊び（歌、楽器遊び、絵本など）	室内遊び（クリスマス飾りの製作）	
内容	✚かけっこ、ボール遊びなどで体を思いきり動かす。	♪クリスマスの物語を知り、行事に関心をもつ。 ♪クリスマスの歌を歌ったり、曲に合わせてすずを鳴らしたりする。	🌲簡単なクリスマス飾りの製作をする。 ♪ツリーやリースに、クリスマスにちなんだシールを貼って完成させる。	
環境構成	●保護者に、調節しやすい衣服の用意をお願いする。 ●戸外遊びのときは、体の動きを妨げないトレーナーなどで活動できるようにする。	●クリスマスの絵本やパネルシアターなどを用意する。 ●歌に合わせて楽しめるように、手もちのすずを用意しておく。	●一人ひとりが集中して製作が行えるスペースを確保する。	
保育者の配慮	●動いて汗をかいたら、体を冷やさないよう活動時間に配慮する。 ●かぜ気味の子どもは、室内で遊べるようにする。	●絵本に登場するものを指差し、子どもたちがそれを口にするきっかけをつくる。	●サンタさん、トナカイ、くつ下など、何のシールかを伝えながら、一緒に貼っていく。	

> 金曜日にクリスマス会を開くので、週の前半にクリスマスに関連した活動を行います。

> 活動後に体調を崩さないように注意します。

ねらい
- 寒さに負けず元気に体を動かす。
- 皆で一緒に行事を楽しむ。
- クリスマスに関心をもち、絵本や歌、製作を楽しむ。

 振り返り
晴れている日は、できるだけ戸外に出る時間をつくるようにした。クリスマスやお正月を楽しみにしているようすが見られ、行事の歌や製作に一生懸命取り組んでいた。

12月○日（木）	12月○日（金）	12月○日（土）
園庭散策、園周辺散歩	クリスマス会	異年齢保育 室内遊び（歌遊び、おしくらまんじゅう）
🌲寒さを感じ、冬の自然の変化に気づく。	❤皆でクリスマス会を楽しむ。	♪❤歌遊びや伝統的な集団遊びを楽しむ。
●吐く息の白さ、霜や氷の不思議さに気づけるよう促す。 ●冬に咲く花、冬に収穫される野菜の名前を伝えていく。	●子どもたちのつくった飾りつけを保育室に飾る。 ●飾りつけや音楽でクリスマス会を盛り上げる。	●皆で歌を歌ったり、声を出しながら一体感を楽しんで遊ぶ。 ●おしくらまんじゅうでは、大きな子どもと小さな子どもにグループ分けする。
●虫や動物の冬眠について、話したり絵本を見せたりする。 外で冬の寒さを感じたあとは室内に戻り、動物たちが冬をどのように過ごしているのか、絵本を使って展開します。	●クリスマス飾りをもち帰り、家庭でも楽しめるようにする。	●保育者が仲立ちし、異年齢児が一緒に遊べるように導く。

12月の遊びと環境

その① 動物なりきり遊び

活動の内容
- よつんばいで歩き、犬やネコになりきる。
- 遊びを通して動物の鳴き声や動作を知り、興味を広げる。

環境のポイント
なりきった動物への興味が広がるよう図鑑や動物の絵本を用意しておきましょう。

その② 楽器遊び

用意するもの すず

クリスマスの曲に合わせてすずを鳴らす

ほかの鳴らし方に挑戦する

翌日は……

すずを握った手の上を叩く

環境のポイント
子どもたちが1人ずつもてるようすずの数は十分に用意しておきましょう。

活動の内容
- 「ジングルベル」「きよしこの夜」などのクリスマスの歌に合わせてすずを鳴らす。
- すずをしっかり握り、曲の決まったところで一緒に鳴らす。

12月の文例集

◉ CD-ROM → 📁 1歳児 _ 季節の文例集→ p145_12月の文例集

前月末の子どもの姿
- インフルエンザが流行し始め休む子どもが増え、休み明けの子どもの体調が不安定であった。
- 寒くなっても元気に戸外で遊ぶ姿が見られ、活動後は自分からうがいや手洗いをする子どももいた。

養護のねらい

- 自分の気持ちが相手に伝わったことのうれしさが感じられるようにする。
- 鼻水が出たときには保育者に拭いてもらい、きれいになることの気持ちよさを感じられるようにする。

健康・安全への配慮

- インフルエンザの予防接種が遅れている子どもには、再度保護者に接種を働きかける。
- 寒いと窓を閉めきってしまうので、適宜空気を入れ替えるなどして室内環境に配慮する。

ねらい
+ 自分で着替えをしようとする。
+ 遊びをとおして、楽しく体を動かす。
♪ 歌うことを楽しむ。

内容
+ 保育者に見守られながら、自分でパジャマに着替える。
+ 園庭の固定遊具で体を動かし、楽しむ。
♪ 保育者や友だちと一緒に楽しく歌を歌う。

環境構成
+ 午睡でパジャマに着替えるときには、手を通しやすいように袖をたくし上げたものを渡す。
♪ 短くて歌いやすい曲を選んで、皆で歌う楽しさを共有する。

保育者との関わりと配慮事項
+ 室内外の温度差が大きいため、戸外活動の際には衣服に注意し、かぜをひかないようにする。
♪ クリスマスやお正月などの歌や絵本・紙芝居などを用意し、季節が感じられるようにする。

職員との連携

- クリスマス会、お正月の行事についての打ち合わせを行い、職員間で役割を確認する。
- 年末年始の過ごし方についてのお知らせを職員が協力して作成する。

家庭・地域との連携

- 年末年始に体調を崩すことがないよう、家庭でも配慮してもらうよう伝える。
- 地域のお正月行事に子どもたちを参加させたいことを地域の自治会などに相談する。

食育

- 友だちが、食べているようすを意識する。
- 保育者や調理員の話を聞いて、食事の素材や食事をつくる人に興味をもつ。

12月 遊びと環境・文例集

健康 ✚　人間関係 ♥　環境 ♣　言葉 ●　表現 ♪

1月 月案・低月齢児

1月 低月齢児 月案 さくらんぼぐみ
担任：A先生

今月の保育のポイント

休み明けには、生活リズムの乱れや疲れから、不安定なようすを見せる子どもがいます。気持ちを受け止めて落ち着いた状態を取り戻し、元気に遊ぶことができるようにしましょう。戸外では冬の寒さを感じながら体を動かし、室内では好きな遊びを選び、楽しみます。

前月末の子どもの姿

- 鼻水やせきが出ている子どもが多かった。
- ルールや約束ごとを覚え、子どもたちだけで遊ぶ姿も見られた。

	ねらい	内容
健康✚ 人間関係♥ 環境🔺 言葉💬 表現♪	✚身のまわりを清潔に保つ習慣を身につける。 ♪楽しい雰囲気のなかで食事する。 ♥友だちと一緒に遊びを楽しむ。 ♪メロディーやリズムを楽しむ。 ♪準備してある玩具のなかから、自分で好きなものをみつけて遊ぶ。 ♪寒さの不思議を感じ、興味をもつ。	✚鼻水が出たら、自分からティッシュで拭く。 ♪保育者や友だちと会話しながら食事や間食を楽しむ。 ♥鬼ごっこや追いかけっこなどで友だちと同じ遊びを楽しむ。 ♪✚曲に合わせて体を動かしたり、一緒に歌う。 ♪🔺ままごとやブロック、絵本など、自分の興味から好きな遊びを選択し、夢中になって楽しむ。 ♪窓に息をはきかけ、白くなる不思議を楽しむ。

職員との連携

- 感染症の発症状況を報告し合い、掃除や玩具の衛生管理の担当を決める。
- 雪が降った場合はどんな活動をするか、計画を考えたり遊び道具を準備したりしておく。

家庭・地域との連携

- 年末年始にどのように過ごしたか、健康状態などを保護者から聞く。
- 園で着替えやトイレなどに取り組んでいる成長の度合いを伝え、家庭でも協力してもらう。

養護のねらい
- 休み明けで不安定になりやすい気持ちを受け止めるようにする。
- 保育者の声かけで、活動の前に、自らトイレに行くことができるようにする。
- 身のまわりのことを自分でやろうとする気持ちを受け止める。

 健康・安全への配慮
- 暖房は室外との気温差を考えて調節し、換気や湿度調整にも気を配る。
- 感染症予防のため、手洗い、うがいを徹底する。
- 鼻水は感染源になるので、拭いたあとのティッシュの処理場所を決めておく。

 行事
- おもちつき
- 身体測定
- 誕生会
- 避難訓練

1月 月案・低月齢児

環境構成	保育者の関わりと配慮事項
● ティッシュは子どもたちの手が届きやすい場所に置いておく。 ● 「○○ちゃんは食べてるね」などの声かけで、子どもたちがお互いに食べている姿を意識できるようにする。 ● 子ども同士の関わりを楽しめるように、保育者は少し距離をとって遊びを見守る。 ● 季節や行事に合ったテーマの楽曲を用意する。 ● 玩具や道具ごとにコーナーを設定し、自由に選択できるようにする。 ● 窓ガラスは清潔にしておく。	● 自分で拭けたときには「きれいになったね」と声かけする。 ● 苦手なものが食べられたときには一緒に喜ぶ。 ● 友だちのじゃまをする子どもがいる場合は、保育者が仲立ちをする。 ● 踊りや歌が苦手な子どもに対してもできた部分を認め、「がんばったね」と励ます。 ● 状況をみて環境を整えたり、玩具を入れ替えていく。 ● お風呂の湯気などほかのものと関連づけられるように話す。

食育
- おもち、みかんなど、この時期ならではの食べ物を食べる。
- 楽しい雰囲気のなかで、食具（スプーン、フォークなど）の持ち方を覚えようとする。

反省・評価のポイント
- 感染症予防や衛生・室温管理は行き届いていたか。
- 個々のペースをみて、生活リズムを整えることができたか。
- 友だちと関わりながら、遊びやすい空間をつくることができたか。

1月 月案・高月齢児

◎ CD-ROM → 📁 1歳児＿月案
→ 📁 p146-p149_1月の月案（高月齢児）

1月　高月齢児　月案　さくらんぼぐみ
担任：B先生

今月の保育のポイント
季節の風物詩や地域の伝承遊びをたっぷり取り入れましょう。年末年始の過ごし方によっては、疲れ気味だったり生活リズムが乱れている子どもが見られます。甘えやぐずりが目立つ子どもも、ゆっくりと園生活のペースを取り戻せるように配慮しましょう。

前月末の子どもの姿
- 約束ごとがわかるようになり、保育者に「これは？」などと聞く姿が見られた。
- おままごとやごっこ遊びで友だちと遊ぶ姿が見られた。

	ねらい	内容
健康✝ 人間関係♥ 環境🌲 言葉💬 表現♪	✝人の話をちゃんと聞く。 ✝約束を守ろうとする。 ✝身のまわりを清潔に保つ習慣を身につける。 ♥💬自分の要求を言葉で伝える。 ♥遊びをとおして友だちとの関わりを深める。 ♪🌲室内の遊びを楽しむ。 ♪伝承遊びを楽しむ。	✝保育者の話したルールを守ろうとする。 ✝うがい、手洗いなど身のまわりのことは、保育者の手を借りず自分からすすんでやってみようとする。 ♥💬思い通りに言えなくても、言葉で要求を伝えようと努力する。 ♥おままごとやごっこ遊びで友だちとともに遊びを発展させる。 ♪お絵描きやパズルなど、室内での一人遊びを集中して行う。 ♪ビニール袋でつくった凧、ひねりコマなどで遊ぶ。

職員との連携
- 雪が降った場合はどんな活動をするか、計画を考えたり遊び道具を準備したりしておく。
- 外遊びが不足する場合、のびのび体を動かせるホールの使用状況を連絡し合う。

家庭・地域との連携
- 年末年始にどのように過ごしたか、健康状態などを保護者から聞く。
- 感染症が発生したときは、口頭だけでなく貼り紙でも状況を伝え、注意を喚起する。

養護のねらい
- 自分のやりたいことを言葉や動作で伝えられるようにする。
- 身のまわりのことを自発的に行えるよう促す。

 健康・安全への配慮
- 暖房は室外との気温差を考えて調節し、換気や湿度調整にも気を配る。
- 感染症予防のため、手洗い、うがいを徹底する。
- 鼻水は感染源になるので、拭いたあとのティッシュの処理場所を決めておく。

 行事
- おもちつき
- 身体測定
- 誕生会
- 避難訓練

1月　月案・高月齢児

環境構成	保育者の関わりと配慮事項
● 話す前に簡単な手遊びなどをして注目させ、保育者の話を聞ける態勢をつくる。 ● ガラガラうがいとブクブクうがいの違いをイラストで表す。 ● 自分の思いを出せるようやりとりを見守る。 ● もののやりとりで友だちとトラブルになることがあるので適切に声かけをする。 ● 落ち着いた雰囲気で集中できるよう、空間を区切る。 ● ビニール袋、紙テープ、毛糸を用意しておく。ビニール袋に紙テープを接着し、毛糸を結んでおく。	● 話は簡潔にし、活動中もようすを見て約束ごとを伝えていく。 ● うがいや手洗いが自分でできたときには、おおいにほめる。 ● 日常の活動のなかで何をやりたいのか、子どもの意見を聞いていく。 ● 子どもたち同士でやりとりをして、遊びをつくっていけるように見守る。 ● 天候や気温によって、また子どもの体調によって、戸外・室内遊びを振り分ける。 ● 保育者も一緒に遊び、興味がもてるようにする。

食育
- おもち、みかんなど、この時期ならではの食べ物を食べる。
- 保育者の手本を見て、三角食べをするよう心がける。

反省・評価のポイント
- 一人ひとりの状態を見つつ、生活リズムを整えることができたか。
- 戸外、室内ともに季節を感じる遊びを体験させることができたか。

1月 個人案 低月齢児・高月齢児

◎ CD-ROM → 📁 1歳児_個人案
→ 📁 p150-p153_1月の個人案（低月齢児・高月齢児）

	低月齢児 Aちゃん 1歳10か月（女児）	低月齢児 Bちゃん 2歳1か月（男児）
前月末の 子どもの姿	♥言葉より先に行動に出てしまい、いらだちやとまどいを見せることがあった。 🐤「ちっちでた」などと保育者に知らせることがあった。	●覚えた乗り物の名前を何度も繰り返し言うことを楽しんでいた。 ●思いが伝わらず、いらだつようすが見られることがあった。
ねらい	🐤意欲的に排泄に向かう。	●行動や言葉で思ったことを伝えようとする。
内容	🐤保育者に言葉やしぐさで、トイレに行きたいことを伝えようとする。	●自分のやりたいことや気持ちを身振りや言葉で保育者に伝え、やりとりを楽しむ。 
保育者の 援助	●Aちゃんの排尿間隔を把握しながら、自分から伝えることができるようにしていく。 ●他児と一緒にトイレに行くようにし、やってみようという気持ちを促す。	●本児の気持ちを聞いたり代弁したりして、自己主張を促す。
振り返り	●「ちっち」などと言葉で伝えることが増えたが、その日の機嫌によってムラがある。 ●本児のやる気があるときに成功体験を増やし、喜びを共有していく。	●保育者や他児との会話を楽しむことが増えたが、思いが伝わらず泣き出すこともあった。 ●個別に問いかけることで返答を引き出したり、自己主張を引き出していく。

ポイント！ 保育者の思い

この時期の子どもは見られる恥ずかしさよりも、友だちとオープンな場所で排泄することに安心感を感じます。

🔺…運動　🎵…食事　🦆…排泄　👕…身のまわり　❤️…人間関係　💬…言葉　✚…健康・安全　Y…学びの芽

高月齢児 Cちゃん 2歳7か月（男児）	**高月齢児** Dちゃん 2歳8か月（女児）
💬「やめて」と言葉で伝えることができたが、口調が強くなってしまうことが多かった。 Yブロックを高くつなげてもち運ぼうとしていた。	Yクリスマスの歌が気に入り、繰り返し口ずさむ姿があった。 🔺寒い日が続き、外に出ることを嫌がるときがあった。
Y身近な素材で、イメージしたものをつくる。	🔺体全体を動かして遊ぶ。
Yブロックや積み木などで遊ぶことを楽しむ。	🔺遊具や巧技台を使い、思いきり体を動かすことを楽しむ。
❤️そばで見守りながら、本児がイメージしたものをつくりあげていけるよう手助けする。 ❤️他児と共同でつくり、遊びのなかでやりとりできるようにする。	❤️活動中に座っていることが多いので、積極的に体を動かす機会をつくるようにする。 ❤️本児の興味のありそうな遊びに誘い、保育者が楽しむ姿を見せる。
❤️完成した喜びを味わっているようすが見られた。 ❤️遊びに夢中になり、他児が見えないようすになることがあったので、他児と関わりながら遊べるよう援助していきたい。	❤️保育者がともに楽しむことで、うまくできなくても参加するようになった。 ❤️外に出たがらないときには無理強いせず、本児の遊びたい場所で体を動かせるよう気持ちをくみとっていく。

1月 個人案 低月齢児・高月齢児

ポイント！保育者の思い
遊びをとおして、さまざまな体の動きを経験できるようにしましょう。

1月 個人案 配慮事項・発達援助別

◎ CD-ROM → 1歳児_個人案
→ p150-p153_1月の個人案（配慮事項・発達援助別）

	発達援助 🥄食事 1歳11か月（女児） **苦手な食べ物を残す**	気になる子 🌱学びの芽 2歳（男児） **同じ玩具でしか遊ばない**
前月末の 子どもの姿	🥄好きなものを一番最初に食べきり、苦手な食べ物を残すようになった。 🥄同じ食材でも、食べたり食べなかったりすることがあった。	🌱ミニカーで遊ぶことが好きで、30分以上同じ玩具で遊んでいる。 🌱他の遊びに誘っても、興味を示さない。
ねらい	🥄意欲的に食事をする。	🌱遊びの幅を広げる。
内容	🥄苦手な食べ物も食べてみようとする。	🌱ミニカー遊びから、道路・トンネルづくりなどに遊びを発展させて楽しむ。
保育者の 援助	●苦手な食べ物は、「少しだけ食べてみようか」と声かけし、挑戦を促す。 ●かたくて食べにくいもの、大きくて食べにくいものは小さく切ってみる。	●本児がやっている遊びを隣で眺めながら、まずはその遊びを一緒にやってみる。 ●本児がやっている遊び方から、保育者が少し広げて遊んでみるなど、手本を見せる。
振り返り	●苦手な理由を保育者が考え、食べやすくすることで苦手な食べ物が少なくなった。	●ミニカーでトンネルをくぐることに興味をもち、積み木でトンネルをつくって楽しむようになった。
保護者への 配慮事項	●子どもたちは嫌いだから食べられないのではなく、食べにくいために残す場合があることを伝える。	●家でもまずは本児がやっている遊びを一緒にやってみて、そこから発展させていくように遊んでもらうように伝える。

ポイント! 保育者の思い

咀しゃくがまだ完全ではないので、調理形態などに注意する必要があります。調理担当職員とも連携して対応しましょう。

今はまっている遊びから離れた遊びではなく、発展的に展開していけるよう計画しましょう。

🔺…運動　🎵…食事　🐔…排泄　👕…身のまわり　❤…人間関係　💬…言葉　✚…健康・安全　🌱…学びの芽

1月 個人案 配慮事項・発達援助別

	発達援助 💬言葉 2歳3か月（男児） **他児とのやりとりを楽しむ**	気になる子 🔺運動 2歳7か月（女児） **体に障がいがあり歩行が安定しない**
	💬少しずつ言葉が増え、他児と言葉でやりとりできるようになった。	🔺自信をもって体を動かせるようになってきたが、転ぶことが多い。
	💬他児とのやりとりの機会を増やす。	🔺体のバランスを安定させる。
	💬自分から他児に声をかけていけるようにする。	🔺体のバランスを意識しながら歩いたり走ったりする。
	・他児とやりとりしているときには見守り、ときには保育者も加わってみる。 ・やりとりを楽しんでいるときには、本児・他児と一緒にその喜びや楽しさを共有する。	・クッションや柔らかいマットなど、バランスが安定しにくいものの上を歩くような遊びを取り入れる。 ・腕など上半身も意識できるようにする。 ・理学療法士と連携して、歩きやすい環境を整える。
	・他児とのやりとりを楽しみ、話している時間が増えた。	・最初はふらついて転びそうだったが、少しずつこらえながら歩けるようになってきた。
	・子どもが話しかけたときには、忙しいときでも応じるようにしてもらう。	・靴のサイズや形が合っているかを確認し、公園の遊具や道の段差、砂利道などで遊びながらバランス感覚を養うように伝える。

子どもたちは、自分の意思が他人に伝わるようになると表現力がどんどん高まっていきます。

安全面に配慮し、保育者の配置を事前に打ち合わせておいたり、活動そのものも無理をしないようにしましょう。

1月 週案

● CD-ROM → 📁 1歳児 _ 週案 → p154-155_1月の週案

もちつき

1月 週案 さくらんぼぐみ

担任：A先生（低月齢児）
　　　B先生（高月齢児）

予想される子どもの姿

● 休み明けのため生活リズムの乱れなどから調子を崩す子どももいる。
● 休み中に体験したことを、保育者や友だちに積極的に話そうとする。
● 仲のいい友だちや保育者に会えたことを喜ぶ。

✚…健康　♥…人間関係　🔥…環境　💬…言葉　♪…表現

	1月○日（月）	1月○日（火）	1月○日（水）	
活動予定	もちつき　**お正月の行事が楽しめる活動を行います。**	伝統的な遊び（コマ回し、凧上げなど）	園庭遊び	
内容	♪もちつきを見学し、皆でもちを食べる。 ♥♪もちがのびるようすややわらかい食感を友だちと楽しむ。	♪コマやビニール凧などの伝統的な遊びを楽しむ。	🔥戸外で思いきり体を動かして遊ぶ。	
環境構成	● たれ、きな粉などを用意し、楽しみながら皆で食べる。	● 扱いやすい段ボールコマ、ビニール凧を用意する。 ● 玩具を十分に用意し、皆で仲よく遊べるようにする。	● 汗をかいたときのために着替えをすぐ取り出せる場所に用意しておく。 ● 前日のコマやビニール凧で遊びたい子のために、いくつか用意しておく。	
保育者の配慮	● 危険がないようにもちは小さく丸めさせ、食べ方にも気を配る。	● 子どもたちが遊び方を理解しながら、コツをつかめるように援助する。 ● 上手にできたらほめ、子どもたちの挑戦する気持ちを養っていく。	● ジャンプやおしくらまんじゅうなどで体を温めておく。 **まずは皆で楽しく体を温め、そのあと思いきり遊ぶようにします。**	

ねらい
- 生活リズムを整え、健康に過ごす。
- 遊びながら言葉のやりとりを楽しむ。
- 季節の伝統遊びにふれ、興味をもつ。

 振り返り
仲のいい子ども同士で集まったり、友だちの名前を呼んだりする姿が増えてきた。言葉も多くなってきたので、互いに言葉を活用して意思の疎通ができるような仲立ちを心がけた。

1月○日（木）	1月○日（金）	1月○日（土）
伝統的な遊び（カルタ、羽根つきなど）	段ボール遊び	異年齢保育 コマ回し大会、凧上げ大会
♪カルタや羽根つきなどの伝統遊びを楽しむ。 （皆で一緒に楽しめる伝統的な活動も取り入れます。）	♥段ボールの玩具や箱を使い、友だちと見立て遊びをする。	♪コマ回し、凧上げ競争をする。 ♥友だちが遊ぶようすを観察する。
●全員が楽しめるよう少人数のグループに分けて遊ぶ。	●友だちと一緒に段ボールに絵を描けるようクレヨンを用意する。 ●大型の段ボール箱でつくったバスなどを準備しておく。	●友だちや異年齢児が遊ぶようすを見て、一緒に楽しめるような言葉かけをする。
●遊びながら言葉のやりとりができるようにしていく。	●自発的な遊びを見守りながら、遊び方のバリエーションを提案する。	●友だちが遊ぶのを見ているのが難しい子どもには、無理強いしないで自分のペースで遊べるように言葉をかける。

1月 週案

1月の遊びと環境

その① ビニール袋の凧(たこ)上げ

用意するもの レジ袋、毛糸、カラフルな紙テープ、シール

活動の内容
- 指先を使った製作を楽しむ。
- 伝承遊びに親しむ。

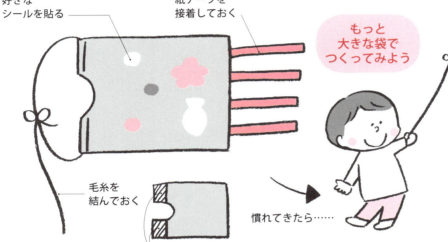

- 好きなシールを貼る
- 紙テープを接着しておく
- 毛糸を結んでおく
- レジ袋のこの部分をカットする
- もっと大きな袋でつくってみよう
- 慣れてきたら……

環境のポイント
凧が引っかからないよう、事前に凧上げする場所のまわりを点検しておきましょう。

その② 窓でお絵描き

活動の内容
- 窓に息をはきかけ、白くなる不思議を楽しむ。
- 指を使ってお絵描きをする。

環境のポイント
窓に口をつけてしまう子どももいるので、窓ガラスは清潔にしておきましょう。

窓に息を吐きかけると、白くなることに気づく

お風呂の湯気も同じようなしくみだよ

身近なものと関連づける

1月の文例集

● CD-ROM → ■ 1歳児 _ 季節の文例集 → p157_1月の文例集

前月末の子どもの姿
- 年末が近づくにつれ、かぜ気味の子どもや感染症にかかり長期で休む子どもが増えた。
- 保育者に「あれなーに？」と聞く姿が見られ、いろいろなものに興味をもつようになった。

養護のねらい
- 自分でできることが少しずつ増えてくるので、できたことをほめて次への挑戦につなげる。
- 細菌性胃腸炎やインフルエンザなどにかかりやすいので、体調の変化に敏感に対応する。

健康・安全への配慮
- 正月休み中の健康状態を保護者から聞き取り、不調があった場合は無理をさせないようにする。
- 登園時や戸外活動のあとなどには、うがいと手洗いを行うよう習慣づける。

ねらい
- ✚寒さに負けずに戸外で遊ぶ。
- ♥●保育者の簡単な問いかけに、答えようとする。
- ♪指先を使って遊ぶ。

内容
- ✚暖かい日には戸外で思いきり遊ぶ。
- ♥●保育者と質問遊びを楽しむ。
- ♪パズル、ブロック積みなどの指先を使う遊びを楽しむ。

環境構成
- ✚戸外の遊び場に石ころや障害物などがないか事前に確認し、危険物があれば除去する。
- ✚おはじきなどを口に入れることがないよう、保育者が複数で子どもたちの動きを見守る。

保育者との関わりと配慮事項
- ♥●問いに対して上手に返事ができなくても、「わかっているよ」ということを態度で示し、子どもが自分の話すことに安心感をもてるようにする。
- ✚口に入れてはいけないものを繰り返し教える。

職員との連携
- 太陽が出てきたら外遊びに切り替えられるよう態勢を整え、外遊びが不足しないようにする。
- 日没時刻が早いので、保護者の迎えを待っている子どもが不安にならないよう職員全体で対応する。

家庭・地域との連携
- 感染症の症状を伝え、該当する症状が見られた場合には保育者に連絡するようお願いする。
- 体調管理に注意して、帰宅後はゆっくりと過ごせるよう保護者に伝える。

食育
- もちやみかんなど、お正月に食べたものの名前を、絵本を見ながら覚えていく。
- 「七草がゆ」を食べてみる。

1月 遊びと環境・文例集

健康 ✚ 人間関係 ♥ 環境 ● 言葉 ● 表現 ♪

2月 月案・低月齢児

◎ CD-ROM → 1歳児_月案
→ p158-p161_2月の月案（低月齢児）

2月　低月齢児　月案　さくらんぼぐみ
担任：A先生

今月の保育のポイント
ひとり歩きがスムーズにできるようになるにつれ、行動も主体的になり自我が芽生えていきます。身のまわりのことがいろいろできるようになる反面、気分にムラが表れることもあります。あせらずに気持ちを落ち着かせるように配慮しましょう。

前月末の子どもの姿
- お正月休み明け、久しぶりの登園で泣いている子どももいたが、1対1で関わると落ち着いた。
- 身のまわりのことができるようになってきたが、日によって「やって」と甘えることもあった。

	ねらい	内容
健康＋ 人間関係♥ 環境🌲 言葉💬 表現♪	＋♥衣服を自分で着脱する。 ＋公園で体を動かし、のびのびと遊ぶ。 ♥💬友だちや保育者とのやりとりを楽しむ。 ♥友だちと同じ遊びを楽しむ。 ♪🌲冬ならではの自然を楽しむ。 ♪季節の行事のおもしろさを感じる。	＋自分でやりたいという意欲を示し、保育者の前で衣服の着脱をする。 ＋公園で追いかけっこやブランコなど、好きな遊びを楽しむ。 ♥💬親しみをこめて保育者や友だちの名前を呼び、手をつないで遊んだりする。 ♥💬ルールのある遊びを友だちと楽しむ。 ♪🌲霜柱や氷、雪など、冬特有の感触を楽しむ。 🌲霜柱を踏んでみたり、外にできた氷を触ってみたりする。 ♪鬼のお面の製作を自分なりに工夫して楽しむ。

職員との連携
- 感染症の発症状況を報告し合い、掃除や玩具の衛生管理の担当を決める。
- 節分や生活発表会などの行事の分担や役割を決める。

家庭・地域との連携
- かぜやウイルス性の病気にかからないよう、体調に変化があればこまめに報告し合う。
- 個人面談、生活発表会などのお知らせは、保護者の予定がつきやすいよう早めに行う。
- 新年度に向け、家庭環境に変化がないか聞く。

養護のねらい

- 自ら次の見通しをもって、やってみようとするような声かけをしていく。
- 自分の気持ちを安心して伝えることができるよう、保育者がしっかりと受け止める。
- 友だちとの関わりを楽しめるようにする。

健康・安全への配慮

- 鼻水の出る子が多いため、こまめに拭きとる。
- 手洗い、うがいを習慣づける。
- インフルエンザや胃腸炎が発生した場合、二次感染が起こらないように適切な対応をする。

行事

- 節分（豆まき）
- 生活発表会
- 身体測定
- 誕生会
- 避難訓練

2月 月案・低月齢児

環境構成	保育者の関わりと配慮事項
● 着替えやすいように十分な空間を確保する。 ● 公園の広さに応じて、目の届かない場所がないように気をつける。 ● 保育者が友だちの名前を呼びかけ、子どもたちがまねできるようにする。 ● 皆で遊べる「宝探し」などのゲームを用意しておく。 ● 気温が下がる前日、バケツに水を張り凍らせておく。  ● 紙皿、ゴム、色紙を用意する。	● できるだけ手を貸さず、着脱で顔が隠れるときなど難しいところだけ手を貸す。 ● ブランコなどの遊具は順番に遊べるよう、保育者が仲立ちをする。 ●「○○ちゃんと○○ちゃんでやってみて」などと名前を口に出して促す。 ● 保育者も遊びに参加し、楽しさを共有する。 ● 氷や雪の出てくる絵本なども活用し、冬の自然への興味を広げる。 ● 行事に関連した歌「豆まき」「鬼のパンツ」を通じて、言葉への興味も喚起する。

食育

- 節分の話を聞き、豆に興味をもつ。
- 食具がうまく使えなくても、あせらずに取り組む。

☑ 反省・評価のポイント

- 好奇心を刺激するような遊びや製作の提案ができたか。
- 人間関係のなかで気持ちが満たされるような体験ができたか。

2月 月案・高月齢児

CD-ROM → 1歳児_月案
→ p158-p161_2月の月案（高月齢児）

2月　高月齢児　月案　さくらんぼぐみ
担任：B先生

今月の保育のポイント

子どもたちは意欲的になり、自分でできた喜びをより感じとるようになってきました。生活や遊びのルールを知り、少しずつ身につけるなかで自立心が育っているのです。自己主張が激しくなってくる子どもの姿や、こだわりへの対応のしかたも保護者に伝えていきましょう。

前月末の子どもの姿

- 休み明けに体調を崩すなどで久しぶりの登園になり、甘えてくる子どもが多かった。
- 「○○の」など、自分のもの、他人のものを意識する姿が見られた。

	ねらい	内容
健康✚ 人間関係♥ 環境🌲 言葉💬 表現♪	✚🌲 固定遊具の使い方や約束ごとを守る。 ✚ 自分のものを片づけようとする。 ♥ 友だちとのやりとりを楽しむ。 ♥💬 自分の気持ちを、落ち着いて伝える。 ♪🌲 冬ならではの自然を楽しむ。 ♪🌲 季節の行事のおもしろさを感じる。	✚💬 遊び方や約束ごとを聞き、守って遊ぶ。 ✚ 自分のかごを探してもってきて、脱いだ服を入れようとする。 ♥ 子どもたちだけで遊びを発展させ、楽しむ。 ♥💬 手を出したり強く言ったりせずに、友だちに自分の気持ちを伝えられるようにする。 ♪🌲 霜柱や氷、雪など、冬特有の感触を楽しむ。 ♪🌲 鬼のお面の製作を自分なりに工夫して楽しむ。

職員との連携

- 感染症の発症状況を報告し合い、掃除や玩具の衛生管理の担当を決める。
- 進級に向け、子どもたちのようすや課題について確認・共有していく。

家庭・地域との連携

- かぜやウイルス性の病気にかからないよう、体調に変化があればこまめに報告し合う。
- 個人面談、生活発表会などのお知らせは、保護者の予定がつきやすいよう早めに行う。
- 新年度に向け、家庭環境に変化がないか聞く。

養護のねらい

- 保育者や他児の言葉をしっかりと聞けるように配慮する。
- 天気のよい日は戸外で全身を動かし、体力を養えるよう援助する。

健康・安全への配慮

- 鼻水の出る子が多いため、こまめに拭きとる。
- インフルエンザや胃腸炎が発生した場合、二次感染が起こらないように適切な対応をする。

行事

- 節分（豆まき）
- 生活発表会
- 身体測定
- 誕生会
- 避難訓練

2月 月案・高月齢児

環境構成	保育者の関わりと配慮事項
● 子どもたちが保育者の話を集中して聞ける雰囲気をつくり、約束を皆で復唱する。 ● 子どもが自分のかごをみつけやすいような表示をする。 ● ごっこ遊びや砂場遊びなど、数人のグループを設定し、子どもたちだけで遊べるようにする。  ● 子どもが安心して気持ちを伝えられるような空間づくりに努める。 ● 気温が下がる前日、バケツに水を張り凍らせておく。 ● 紙皿、ゴム、色紙を用意する。	● 遊ぶ前に落ち着ける場所に座り、子どもたちと一緒に約束ごとを決める。 ● 保育者も一緒に服をたたむなどして、できたことを喜び合う。 ● うまくいっているときは見守り、トラブルがあったときには仲立ちする。 ● 自分の気持ちをうまく伝えることができなかった子どもの気持ちを受け止め、必要に応じて仲立ちする。 ● 絵本なども活用し、氷の感触の「ザクザク」「ツルツル」などの言葉を伝える。 ● 行事に関連した歌「豆まき」「鬼のパンツ」にふれ、行事をさまざまな角度から味わえるようにする。

食育

- 豆まき遊び、節分に関する絵本をとおして豆に親しみをもつ。
- 保育者に見守られながら、最後までほとんど一人で食べることができる。

反省・評価のポイント

- 一人ひとりの興味や関心、問いかけにていねいにこたえられたか。
- 身のまわりのことができるようになった成長に気づき、ともに喜べたか。

2月 個人案 低月齢児・高月齢児

◎ CD-ROM → 📁 1歳児_個人案
→ 📁 p162-p165_2月の個人案（低月齢児・高月齢児）

	低月齢児 Aちゃん 1歳11か月（女児）	低月齢児 Bちゃん 2歳2か月（男児）
前月末の 子どもの姿	♥特定の保育者を独占しようとするようすがあった。 ♥「できない」などと言って泣いて訴えたり遊びをやめたりすることがあった。	♥電車の玩具で一人遊びをすることが多かった。
ねらい	♥一つの遊びを集中してできるようにする。	♥他児と関わりながら遊ぶ。
内容	♥保育者が関わりながら、落ち着いて遊びに集中する。	♥他児や保育者と全身を使って遊び、楽しみを共有する。
保育者の 援助	●お絵描き、積み木など好きな遊びを、保育者と言葉のやりとりをしながら遊ぶ。 ●安定した気持ちでじっくりと遊べるようスペースを広くとる。	●追いかけっこ、ボール遊びなど体を動かして他児とふれあえる遊びを設定する。 ●保育者も仲間に入り、少人数のグループで遊べるようにする。
振り返り	●保育者に見守られ、じっくり遊ぶことで達成感、満足感を得られたようすだった。 ●他児が入ってこようとすると拒む姿がみられたので、思いを受け止めつつ、少しずつ遊びを通じて他児と関われるよう仲立ちしていく。	●追いかけっこや電車の玩具で他児と関わる姿が見られるようになってきた。 ●嫌なことがあると手が出るときがあるので、「どうしたの？」など声をかけ、必要に応じ代弁しながら他児と一緒に遊べるよう援助していく。

ポイント！保育者の思い

できることが多くなる一方で、ふとしたことで自信をなくしてしまうこともあります。安心感や達成感がもてるよう関わっていきましょう。

🧗…運動　🎵…食事　🦆…排泄　👕…身のまわり　❤…人間関係　🔴…言葉　✚…健康・安全　Y…学びの芽

高月齢児 Cちゃん 2歳8か月（男児）	高月齢児 Dちゃん 2歳9か月（女児）
❤保育者の言葉を落ち着いて聞こうとする姿が見られた。 ❤遊びたい気持ちが強くなると、順番が守れないことがあった。	🔴嫌なことがあったとき、保育者に思いを言葉で伝えるようになった。 ❤他児にも話しかけるが、思いが通じず泣く姿が見られた。
❤約束事を守って友だちと遊ぶ。	🔴保育者や他児と言葉のやりとりを楽しむ。
❤順番を守って列に並んだり、おもちゃを友だちに貸したりする。	🔴遊びや生活のなかで、他児がしていることに関心をもったり、話しかけたりする。 ❤他児と言葉のやりとりを楽しみながら遊ぶ。
🙂「〇〇ちゃんはどう思ってるかな」などと、他児の気持ちが考えられるような声かけをする。 🙂順番が守れたときには、大いにほめる。	🙂保育者が促すことで、他児に自分の思いを伝えられるようにする。 🙂本児の言葉を他児が理解できるよう、仲立ちをする。
🙂順番が守れることが増えてきた。 🙂引き続き、他児の気持ちを考えられるような声かけをしていく。	🙂遊びや玩具をとおして会話も広がり、他児や保育者とのやりとりを楽しむ姿も見られた。 🙂本児の言葉が他児に伝わらないときには、代弁して伝えていく。

2月　個人案　低月齢児・高月齢児

ポイント！保育者の思い

語彙が急激に増加し、思いを伝えられるようになってきます。会話が楽しいと思えるような関わり方を心がけましょう。

2月 個人案 配慮事項・発達援助別

◎ CD-ROM → 📁 1歳児_個人案
→ 📁 p162-p165_2月の個人案（配慮事項・発達援助別）

	気になる子 🥄食事 1歳11か月（女児） **食物アレルギーがある**	気になる子 💬言葉 2歳（男児） **思うように言葉が出ない**
前月末の子どもの姿	✚食物アレルギー（大豆）がある。	●保育者との信頼関係は築けてきたが、要望があると手をひっぱるなどしぐさで伝えることが多く、言葉が少ない。
ねらい	✚季節の行事を自分なりに楽しむ。	●言葉を自ら言おうとする。
内容	✚安心して豆まきの行事を他児と一緒に楽しむ。	●「したい」「やって」「ちょうだい」などの要望の言葉を意欲的に言う。
保育者の援助	●大豆の誤食がないよう、注意して見守る。 ●本児のために、大豆のかわりに紙を丸めたものをまけるように準備しておき、疎外感を感じないようにする。	●やってほしいことやほしいものを、すぐに与えるのではなく、言葉で言おうとするのを待つ。 ●「や（やって）」「ち（ちょうだい）」など言葉や身振り手振りでヒントを与える。
振り返り	●他児と一緒に丸めた紙を鬼に向かってまき、行事を楽しんでいた。	●まだ言葉で言うことは少ないが、ちょうだいの手振りを保育者がすると、言葉が表出することが増えてきた。
保護者への配慮事項	●保護者が心配しないように、対応については事前に伝える。	●子どもの言いたいことややりたいことを、先回りして言ったりやってあげたりしすぎることのないように伝える。

ポイント！保育者の思い

節分の豆はパックに入ったまままき、3歳以下の子どもは誤えんの危険性があるので食べさせないようにしましょう。

言葉の表出のなかでも、要望の言葉は最も出やすいため、言いやすい環境を設定しましょう。

🔺…運動　🎵…食事　💧…排泄　👕…身のまわり　❤️…人間関係　💬…言葉　✚…健康・安全　Ｙ…学びの芽

気になる子　❤️人間関係	発達援助　✚健康・安全
2歳4か月（女児） **他児を押してどかしてしまう**	2歳9か月（男児） **インフルエンザの休み明け**
❤️一人でゆったり遊ぶことが好き。 ❤️他児が近くで遊んでいると、嫌がり、押してどかせようとする。	✚前月末にインフルエンザで1週間ほど休んだ。 ✚完全に熱が下がり、登園許可は出たが、元気がないようすだった。
❤️他児と一緒に遊ぶことを楽しむ。	✚無理せず、落ち着いて過ごす。
❤️他児と手をつないで歩くことを楽しむ。 ❤️他児とタッチをしてあいさつする。	✚体調がよくないときは保育者に伝えようとする。 ✚絵本を見るなど、無理なく静かに遊べるものを楽しむ。
●他児と手をつないで歩いたり、タッチをしてあいさつしたりすることを促す。	●インフルエンザが治って登園しても元気がないので、保育者も体調変化に注意する。 ●外遊びは本人の意思に任せ、無理をさせない。 ●落ち着いて楽しめる遊びを提案する。
●他児に関心を示し始め、一時的な関わりであれば、笑顔で関われるようになってきた。	●月のはじめごろは園にくるだけで精一杯だったが、少しずつ元気になった。
●「無理強いせず、人との関わりを楽しいと感じる経験を積み重ねていきましょう」と伝える。	●体調不良の休み明けには、帰宅後は家でゆっくりさせるよう伝える。

2月　個人案　配慮事項・発達援助別

人と関わるのは楽しいと感じる経験を積み重ねられるよう、遊びの計画を立案しましょう。

治ったばかりは体もつらかったようです。まだまだ体の機能は出来上がっていないので、注意が必要です。

2月 週案

CD-ROM → 1歳児 _ 週案 → p166-167_2月の週案

生活発表会

2月　週案　さくらんぼぐみ
担任：A先生（低月齢児）
　　　B先生（高月齢児）

予想される子どもの姿
- 生活発表会を楽しみにし、意欲をもって活動しようとする。
- 友だちとの関わりが増えるなかで、ぶつかることも増えてくる。

✚…健康　♥…人間関係　▲…環境　💬…言葉　♪…表現

	2月○日（月）	2月○日（火）	2月○日（水）	
活動予定	室内遊び（フラフープ、宝探し）　　寒い時期は室内活動が多くなりますが、なるべく体を動かすようにします。	室内遊び（小麦粉粘土）	室内遊び（歌、合奏）　　土曜日の「生活発表会」に向けて練習をします。	
内容	✚フラフープで全身を使って遊ぶ。♥室内に隠してあるボールを探す宝探しをとおして友だちと同じ遊びをする。	♪指先を使って、小麦粉粘土でじっくりと遊びこむ。	▲季節の歌に親しむ。♪歌に合わせてリズム楽器を鳴らして遊ぶ。	
環境構成	●投げる、くぐる、跳ぶなど、いろいろな動作を個人の技術に合わせて体得していけるよう促す。●宝探しの際には、前もってボールを保育室のあちこちに隠しておく。	●つつく、ちぎる、丸めるなど、遊びながら指の力をしっかり使えるように促す。●見立て遊びにつなげ、会話のやりとりをしながら遊ぶ。	●季節に合った親しみやすい曲を選ぶ。●カスタネット、マラカス、すずなどのリズム楽器を十分に用意する。	
保育者の配慮	●子どもたちの工夫を見逃さず、集団で共有していく。●ボールを踏んで転倒しないよう、見守る。	●遊びを工夫しながら、子ども同士で会話ができるよう仲立ちする。●小麦アレルギーの子どもがいる場合には別の粘土を用意する。	●同じ曲を繰り返し、全員が徐々に覚えていけるようにする。	

🎯 ねらい

- 体を十分に使って遊ぶ。
- 小麦粉粘土を使って一人で遊ぶことから見立て遊びにつなぎ、子ども同士の会話を引き出す。
- 生活発表会に向けて楽しんで活動する。

✅ 振り返り

生活発表会を楽しみにする子が多く、おうちの人のことを保育者に話そうとする姿が目立った。当日は繰り返し練習したことをやり遂げた満足感を、皆で共有できた。

2月○日（木）	2月○日（金）	2月○日（土）
園庭遊び（固定遊具）	室内遊び（歌、合奏）	生活発表会
✚園庭の遊具で腕の力や足の力を十分に使って遊ぶ。 **固定遊具を上手に活用し、体を動かす遊びを取り入れましょう。** ✚約束ごとを守って遊ぶ。	♪生活発表会で披露する歌や合奏を練習する。	♪歌やリズム楽器の合奏などを披露する。 ♪日ごろの練習の成果を十分に発揮する。 **子どもも保護者も、生活発表会を楽しみにしています。**
●けががないよう各遊具に保育者を配置する。 ●動作と言葉で遊びのコツを伝え、援助していく。	●生活発表会を楽しみにする気持ちをもてるような声かけをする。	●ステージの飾りつけ、衣装、音楽を準備しておく。
●最初に追いかけっこなどで体を温めておく。 ●行動範囲が広がっているので、一人ひとりにしっかりと目を配る。 ●固定遊具の約束を守れるよう声かけをする。	●人前での発表に不安なようすを見せる子どもには個々に対応する。	●保護者に見てもらう喜びを共感し合う。

2月の遊びと環境

その① 氷遊び

用意するもの たらい、バケツ、水、葉、小枝

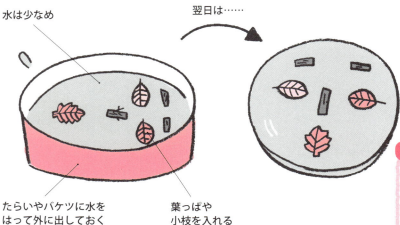

たらいをひっくり返して、踏んでみよう

環境のポイント
気温が低くなりそうな前日に、たらいに水をはっておきましょう。

活動の内容
- 水がかたまって氷になるおもしろさを知る。
- 氷の感触を楽しみ、「ツルツル」、割れたときの「パリン」といった音を口に出す。

その② 宝探し

用意するもの カラーボール、マット

いろいろな所に隠れたボールを探します

環境のポイント
子どもがボールを隠せるようマットを敷いておきましょう。ボールを踏んで転倒しないよう保育者がそばにつくようにします。

活動の内容
- 教室の中に隠れたボールを探す。
- 友だちと協力してゲームを楽しむ。

翌日は……

子どもに隠してもらう

2月の文例集

CD-ROM → 1歳児 _ 季節の文例集 → p169_2月の文例集

前月末の子どもの姿
- 急に寒くなってきたので、鼻水が出ている子どもも見られた。
- 登園や降園の際に、自分から保育者にあいさつができる子どもが増えた。

養護のねらい
- 相手のことを思いやり、優しくする気持ちをもてるようにする。
- 着替え、排泄など基本的な生活習慣が少しずつ身につくように援助する。

健康・安全への配慮
- 走ることに自信がつき、突然一人で走り出すことがあるので、特に戸外遊びでは注意して見守る。
- インフルエンザの流行が下火になってくる時期ではあるが、うがいと手洗いを徹底する。

ねらい
- ♥あいさつすることを楽しむ。
- ✚室内に閉じこもらず、外に出て遊ぶ。
- ♪季節の行事に興味をもち、製作を楽しむ。

内容
- ♥「おはよう」「ありがとう」の言葉や手でタッチなどをして、保育者や他児とあいさつをする。
- ✚園庭や公園など、外に出て皆で遊ぶ。
- ♪節分やひなまつりに合わせて保育者と一緒に簡単な製作を行い、行事を楽しむ。

環境構成
- ✚公園に行く場合は道順を確認し、交差点など子どもが飛び出すと危険な場所を確認しておく。
- ♪節分やひなまつりの製作物は、あらかじめベースの部分を保育者がつくって準備しておく。

保育者との関わりと配慮事項
- ✚戸外歩きのときは複数の職員で安全を確保し、子どもたちも手をつなぐようにする。
- ♪製作のときは「いいねえ」「これはなあに？」などと話しかけ、言葉の獲得につなげる。

職員との連携
- 年度末の卒園式に向けて園全体の行事内容を確認し、無理がないかどうかを検討する。
- 新入園児の保護者からの問い合わせなどに適切に対応できるよう、担当職員を決めておく。

家庭・地域との連携
- 引き続き園に通う子どもについて、保護者と共有すべき事項があれば整理しておく。
- 個人面談を行い、1年の成長のようすや今後の予定などを保護者に伝える。

食育
- 食べ物をとおして伝統行事に関心をもつ。
- みかんの皮を自分でむいてみるなど、新しいことに挑戦する。

2月 遊びと環境・文例集

健康 ✚　人間関係 ♥　環境 🌳　言葉 💬　表現 ♪

3月 月案・低月齢児

CD-ROM → 1歳児_月案
→ p170-p173_3月の月案（低月齢児）

3月　低月齢児　月案　さくらんぼぐみ
担任：A先生

今月の保育のポイント

進級を控え、徐々に新年度への準備が始まります。2歳児室で過ごしてみたり、2歳児の子どもとふれあったりするなど、新しい体験をします。楽しんでいるように見えても緊張感があり、体調を崩しやすくなりますので、小さな変化に注意して見守っていきましょう。

前月末の子どもの姿
- 手つなぎ散歩で、少し遠い公園にも歩いていけるようになった。
- 言葉で気持ちを伝えようという姿勢が目立ってきた。

	ねらい	内容
健康✚ 人間関係♥ 環境🌲 言葉💬 表現♪	✚ 2歳児室で過ごすことに慣れる。 ✚ 遊びをとおして全身を使う。 ♥ 2歳児と一緒に遊ぶことを楽しむ。 ♥💬 言葉で自分の気持ちを伝える。 ♪ 指先を使う遊びをする。 ♪🌲 春の訪れを感じる。 ♪ まねをすること、覚えることを楽しむ。	✚ 2歳児室で好きな玩具で安心して遊ぶ。 ✚ のぼる、つかむ、ジャンプするなど、思いきって全身を使うことを楽しむ。 ♥ 2歳児に手をつないでもらいながら散歩する。 ♥💬 のびのびと自分の意思を言葉や態度で伝える。 ♪ パズルや新聞紙破りなどを、集中して遊ぶ。 ♪💬🌲 散歩に出かけて自然の変化に気づき、言葉にする。 ♪「うれしいひなまつり」など季節の歌を歌ったり、踊ったりして表現を楽しむ。

職員との連携
- 新年度クラスの担任との引き継ぎでは、一人ひとりの性格やアレルギーの有無などを伝える。
- 2歳児室の使用、異年齢の子どもと交流する機会がスムーズにもてるようにする。

家庭・地域との連携
- 新年度移行にともなう準備や流れをていねいにわかりやすく伝える。
- 進級クラスでの要望や相談を保護者から聞き取り、不安が残らないように応対する。

養護のねらい	健康・安全への配慮	行事
● 2歳児室で過ごすことに慣れるように関わる。 ● 見通しをもって、身のまわりのことを自分で行えるよう、声をかけていく。 ● 落ち着いた安心感のなかで、一定時間眠れるようにする。	● 新年度移行への準備で、緊張、興奮しがちなため体調の変化に注意する。 ● のびのびと全身を使って遊ぶなかで、けがなどの危険がないよう近くで見守る。	● ひなまつり ● 身体測定 ● お別れ会 ● 誕生会 ● 避難訓練

3月 月案・低月齢児

環境構成	保育者の関わりと配慮事項
● いつもの保育室でも2歳児室の玩具を借りて過ごし、進級のイメージをもてるようにする。 ● 子どもたちがやりたいと思うような声かけをする。 ● 慣れている遊びを用意し、1歳児と2歳児が分かれてしまわないようにする。 ● 遊びや生活のなかで「どんな遊びがしたい？」などと問いかける。 ● 人数分のパズルや新聞紙を用意する。 ● 自然の変化が見受けられる場所を選ぶ。園庭の花壇に種をまく。 ● 簡単な手振りを取り入れ、皆で歌い、踊る喜びを感じられるようにする。	● 2歳児室に遊び慣れた玩具や愛着のあるものをもっていき、安心できるようにする。 ● 安全に気をつけ、すぐに手が出せる位置で見守る。 ● 2歳児との間に保育者が入り、仲よくなれるようにする。 ● 自己主張の少ない子どもには「鬼ごっこ？ ボール遊び？」などと話かけることで活動を促す。 ● 指先を使う遊びが得意ではない子どもの場合、苦手意識をもつことがないよう保育者がともに楽しむ。 ● 芽が出たり、つぼみがふくらんでいる植物をみつけて、子どもたちに伝える。 ● 表現することの楽しさを共感していく。

食育	反省・評価のポイント
● ひなまつりの行事についての話を聞きながら、ひなあられを楽しく味わう。 ● 保育者や友だちと「おいしいね」と声をかけながら、味わって食べる楽しみを共有する。	● 2歳児室の使用など、新しい環境で落ち着いて過ごせるよう援助できたか。 ● 友だちとの遊びを見守りながら、効果的な声かけで橋渡しができたか。 ● 新年度の準備をスムーズにすすめられたか。

3月 月案・高月齢児

CD-ROM → 1歳児_月案
→ p170-p173_3月の月案（高月齢児）

3月　高月齢児　月案　さくらんぼぐみ
担任：B先生

今月の保育のポイント

子どもにとって、1日を過ごす環境が変わるのはとても大きなことです。新しい環境で不安になったり興奮しすぎたりすると、体調にも影響が表れます。よくようすを見て個別に対応しながら、2歳児室にスムーズに移行できるように準備していきましょう。

前月末の子どもの姿

- 意欲的に話そうとする姿が見られた。
- おままごとで熱心に赤ちゃんの世話をする姿が見られた。

	ねらい	内容
健康✚ 人間関係❤ 環境⬆ 言葉💬 表現♪	✚ 2歳児室で過ごすことに慣れる。 ❤💬 自分の見たものや経験したことを保育者や他児に言葉で伝えようとする。 ❤ 2歳児と一緒に遊ぶことを楽しむ。 ♪ 自分のイメージをふくらませながら、ごっこ遊びを楽しむ。 ♪💬 ものの名前や単語を発音する。 ♪ 季節の行事に親しむ。	✚ 2歳児室で好きな遊びをみつけて楽しむ。 ❤💬 内面から出てくる思いを言葉で懸命に伝えようとする。 ❤ 2歳児と手をつないで散歩に出かけたり、一緒に遊んだりする。 ♪ 気の合う友だちと、おままごとやごっこ遊びをする。 ♪💬 保育者のまねをして、絵本や歌に出てくる言葉を口にする。 ♪ ひなまつりの歌を歌ったり、体を動かしたりする。

職員との連携

- 新年度のクラス担任との引き継ぎでは、一人ひとりの性格やアレルギーの有無などを細かく伝える。
- 2歳児室の使用、異年齢の子どもと交流する機会がスムーズにもてるようにする。

家庭・地域との連携

- 進級クラスについて、持ち物の記名や必要なものなどをおたよりにまとめて伝える。
- 進級クラスでの要望や相談を保護者から聞き取り、不安が残らないように応対する。

養護のねらい
- 2歳児室で過ごすことに少しずつ慣れるようにする。
- 生活の見通しをもって行動できるよう促す。
- 言葉で思いを伝え、会話のやりとりを楽しめるようにする。

 健康・安全への配慮
- 新年度移行の準備から緊張、興奮しがちなため、体調や心の変化に注意する。
- 体が発達し、動作が活発になったため、遊具でけがをしないよう留意する。

 行事
- ひなまつり
- 身体測定
- お別れ会
- 誕生会
- 避難訓練

3月 月案・高月齢児

環境構成	保育者の関わりと配慮事項
● 不安そうな子どもには1歳児クラスで遊び慣れた玩具をもっていき、安心できるようにする。 ● 友だちとの関わりを見守る。 ● 事前に年上の子どもたちと散歩に行くことを伝え、楽しみにする気持ちを高める。 ● おままごとやごっこ遊びをイメージさせる絵本を準備し、子どもの想像力が広がるようにする。 ● 言葉の繰り返しのある絵本『いないいないばああそび』を用意する。 ● 季節の曲「うれしいひなまつり」を用意しておく。	● あらかじめ2歳児室の玩具を借りて過ごし、進級のイメージがもてるようにする。 ● 他児に言葉が伝わらないときは保育者が代弁する。 ● 2歳児と関わることで、進級への期待がもてるようにする。 ● 保育者も参加し、子どもに共感することで表現する喜びや自信につなげていく。 ● 子どもの言葉を受け止め、話すことの喜びや楽しさを伝えていく。 ● 歌や動作を自分なりに表現する姿を受け止める。

食育
- ひなまつりの行事についての話を聞きながら、ひなあられを楽しく味わう。
- 食事の前後に、保育者と一緒に手を合わせてあいさつをする。
- 下手もちやお皿のもち方に慣れていく。

反省・評価のポイント
- 2歳児室の使用など、新しい環境で落ち着いて過ごせるよう援助できたか。
- 好奇心が高まるような環境設定ができたか。
- 新年度の連絡や準備をスムーズにすすめることができたか。

3月 個人案 低月齢児・高月齢児

◉ CD-ROM → 📁 1歳児_個人案
　　　　　→ 📁 p174-p177_3月の個人案（低月齢児・高月齢児）

	低月齢児 Aちゃん 2歳（女児）	低月齢児 Bちゃん 2歳3か月（男児）
前月末の子どもの姿	・保育者が促すと、座って集中して遊ぶことができていた。 ・嫌なことがあるとはげしく泣いて訴えることが多かった。	・苦手な食べ物を頑なに食べようとしない姿が見られた。 ・食べる量も少なく、給食を残すことが多かった。
ねらい	・思いを言葉で伝えようとする。	・楽しい雰囲気のなか、自ら食べようとする。
内容	・言葉を使って、保育者や他児に気持ちを伝えようとする。	・苦手な食べ物を保育者に励まされながら食べようとする。
保育者の援助	・じっくりと関わり思いや欲求を探っていく。 ・気持ちを切りかえて活動ができるよう、明るい態度で接する。	・保育者が食べている姿を見せる。 ・「おいしいよ」「ちょっと食べてみる？」など本児が食べたくなるよう声をかけていく。
振り返り	・機嫌によって言うことが変わるので、じっくりと向き合う時間をつくった。 ・何が嫌だったかを本児に質問し、気持ちを受け止め共感していく。	・保育者が傍らに寄り添い、援助すると苦手なものも食べられることが多かった。 ・本児の目の前で聞きながら配膳する量を調節するなどして、食べる意欲を引き出す。

> **ポイント！ 保育者の思い**
> 自分の食べられる量がわかるようになる一方で、好き嫌いも出てくる時期です。励ましながら少しずつ食べられるよう援助しましょう。

🧥…運動　🍴…食事　🦆…排泄　👕…身のまわり　❤…人間関係　💬…言葉　✚…健康・安全　Ｙ…学びの芽

3月 個人案 低月齢児・高月齢児

高月齢児 Cちゃん 2歳9か月（男児）	高月齢児 Dちゃん 2歳10か月（女児）
💬どなったりすることは少なくなったが、時おり「だめ」「貸さない」などと言うこともあった。 👕着替えや片づけの際に「自分で」と言うことが多くなった。	💬保育者をまねて、他児の保護者にもあいさつする姿が見られた。 Ｙ歌を積極的に歌う姿が見られたが、踊りに誘うと恥ずかしそうなそぶりを見せていた。
👕身のまわりのことをすすんで行う。	Ｙ遊びのなかで、他児と表現することを楽しむ。
👕自らすすんで身支度や玩具の片づけをしようとする。	❤Ｙ他児と一緒に歌ったり踊ったりすることを楽しむ。
💬自ら気づいてできるようになったことをほめ、自信や意欲につなげる。 💬本児自身が成長したことに気づけるような言葉がけをする。	💬保育者が率先して楽しんで歌い、踊る姿を見せていく。 💬一緒に手を叩いてリズムをとり、楽しい雰囲気をつくる。
💬ジャンパーのチャックを上げたりと着脱を意欲的にする姿が見られた。 💬やろうとする気持ちを大切にし、時間がかかっても見守っていく。	💬踊ることはためらうが、保育者が手をとって誘うと笑顔になっていた。 💬無理強いせずに、本児が自然と踊りを楽しむような雰囲気をつくっていく。

ポイント！保育者の思い

恥ずかしがる子どもには無理強いせず、自分からやりたいと思う気持ちを引き出していきます。

3月 個人案 配慮事項・発達援助別

◎ CD-ROM → ■ 1歳児 _ 個人案
→ ■ p174-p177_3月の個人案（配慮事項・発達援助別）

	気になる子 ♥人間関係 2歳（男児） すぐに泣くようになった	発達援助 🥄食事 2歳4か月（女児） 吸い食べがみられる
前月末の 子どもの姿	♥急な保育者の入れ替わりがあり、落ち着かないようすが見られる。 ♥うまくできないことや、友だちとの衝突があると以前よりもすぐ泣くようになった。	🥄食事の量が増え、食べるということに興味をもっている。 🥄急いで食べるのでこぼしたり、吸い食べが見られる。
ねらい	♥言葉で思いを伝えようとする。	🥄落ち着いて食事をする。
内容	♥甘えたい気持ちや不安な気持ちを言葉で表現する。	🥄奥歯でしっかりと咀しゃくする。 🥄食具を正しく使って、こぼさず食べる。
保育者の 援助	●ゆったり本児のそばにいる時間をつくり、まずは保育者が本児の気持ちを十分に受け止めるようにする。	●急いで食べているときは、「かみかみだよ」などの声かけする。 ●こぼさずに食べられたときには、喜びを共感する。
振り返り	●少しずつ安心してきたのか、泣かずに言葉で気持ちを伝えることが増えてきた。	●まだ吸い食べが見られるが、上手に食べられるとうれしそうにしている。
保護者への 配慮事項	●保育者の入れ替えがあっても、安心して園生活が送れるよう関わっていくことを伝え、保護者にも安心してもらうようにする。	●園でのようすを伝え、家でも食事を一緒に楽しむようにしてもらう。

ポイント！ 保育者の思い

本児とじっくり関わる時間をつくれるよう、保育者の配置を事前に打ち合わせておきましょう。

奥歯がはえてきて、しっかりと噛むことができるようになる時期です。しっかりと声かけしていきましょう。

🐾…運動　🎵…食事　🐤…排泄　👕…身のまわり　♥…人間関係　💬…言葉　✚…健康・安全　Ｙ…学びの芽

発達援助　🐤排泄	発達援助　💬言葉
2歳8か月（女児） トイレでの排尿が少ない	2歳10か月（男児） 二語文を話すようになった
🐤トイレを怖がり、保育者が誘っても行くのを嫌がることが多い。	💬少し言葉が遅かったが、最近、二語文を話せるようになってきた。
🐤自らトイレで排泄する。	💬言葉で思いを伝える。
🐤トイレで排泄するリズムをつくる。	💬できるだけ言葉で他児に自分の気持ちを伝える。
●一定時間ごとにトイレに連れて行く。 ●トイレの環境を整備する。明るさ、においなどを点検する。	●手振りや身振りで意思を伝えようとするときには、保育者が声かけし、言葉で返事をするように促す。 ●自分から言葉で意思を伝えられたときには、喜びを共有する。
●定期的に行くことでトイレへの恐怖感が薄れ、保育者に言われればトイレに行き、排泄するようになった。	●二語文が話せるようになり、次々と言葉が出るようになった。
●保護者を焦らせないように配慮し、家庭でも同様の対応をしてもらうよう伝え、ごほうびシールなどの導入を提案する。	●保護者にも言葉が出るようになったことを伝え、家庭でも言葉かけをたくさんしてもらうよう伝える。

3月　個人案・配慮事項・発達援助別

トイレを怖がる原因は何か、見た目、明るさ、においなど環境の見直しを検討してみましょう。

二語文を話せるようになると、言葉がたくさん出るようになりますので、引き続き言葉への興味を引き出していきましょう。

3月 週案

CD-ROM → 1歳児＿週案→p178-179_3月の週案

お別れ会

3月　週案　さくらんぼぐみ
担任：A先生（低月齢児）
　　　B先生（高月齢児）

 予想される子どもの姿

- 進級クラスの環境に不安を示し、落ち着かないようすを見せる。
- 異年齢児との関わりに慣れている子、慣れていない子がいる。
- しだいに暖かくなり、活発に動き回るようになる。

✚…健康　♥…人間関係　▲…環境　●…言葉　♪…表現

	3月○日（月）	3月○日（火）	3月○日（水）
活動予定	2歳児クラス訪問 （進級クラスを訪問し、ふれあいを楽しみます。）	園周辺散歩 （園近くの公園の散策）	室内遊び（リズム遊び） 異年齢児保育
内容	▲2歳児クラスを訪ね、好きな玩具で遊ぶ。 ♥「パンダ、ウサギ、コアラ」「まあるいたまご」などの手遊びで、2歳児とふれあって過ごす。	▲気候の変化、植物の変化をみつける。	♥2歳児とふれあって過ごす。 ♪音楽に乗って楽しく体を動かす。
環境構成	●保育者がそばにいることで、安心して過ごせるようにする。	●ふくらんだつぼみなど、子どもが変化に気づきやすいルートを探しておく。 （子どもたちの目線で、春の訪れを感じられる楽しいコースを探しましょう。）	●動物になりきって遊ぶなど、自己表現を楽しむ要素を入れる。
保育者の配慮	●子どものようすを見て仲立ちし、遊びや環境を変えていく。	●日ざしの変化なども感じ、気持ちよさに共感していく。	●体をのびのび動かすなかで、異年齢児と関わっていけるようにする。 ●異年齢児の遊び方を見て、まねをして楽しめるように援助していく。

🎯 ねらい

- 徐々に進級クラスに慣れる。
- 異年齢児とのふれあいを楽しむ。
- 気候の変化、春の訪れに気づく。

☑ 振り返り

２歳児クラスの環境に不安を見せていた子どもも、保育者がそばにいることで少しずつ慣れていった。活動中に、新しい担当保育者にも親しむ機会を設けるようにした。

	3月○日（木）	3月○日（金）	3月○日（土）
	戸外遊び（ボール遊び）	室内遊び（製作） ＊卒園するお兄さん・お姉さんたちに贈るものをつくり、翌日のお別れ会を盛り上げます。	お別れ会
	✚ボールを使い、たっぷり体を動かして遊ぶ。	♥♪卒園児に贈るメダルやカードなどを製作する。	♥♪お別れ会に参加する。
	●大きさや色、やわらかさの異なるボールを用意しておく。	●台紙は保育者が用意し、思い思いにアレンジできるようにする。 ●アレンジ用のシールやリボン、色ぬりをするペンなどを十分に準備する。	●卒園児の発表を静かに座って見ることができるよう、その都度声かけをする。
	●投げる、ける、転がすなど、力を加減しさまざまな動作を体得できるようにする。 ●簡単なゲームを設定し、集中して遊びこめるようにする。	●卒園児に贈ることを伝え、心をこめてつくる意識を共有する。 ●子どもの工夫を認めてほめ、喜び合いながら製作する。	●落ち着かない子どもには個々に対応する。

3月の遊びと環境

その① 電車ごっこ

用意するもの なわ、ビニールテープ

バリエーション
少し速く／ゆっくり／
止まる／連結

活動の内容
- 電車の音をまねして楽しむ。
- 友だちと足並みをそろえて歩いたり止まったりする。

 慣れてきたら……

地面にテープで線路を描いてその上をすすむ

その② ひなまつりダンス

用意するもの ピンクの化粧紙でつくった花、鈴

じゃばらに折って中心をテープでとめ広げた紙のお花

頭につけたり、腕につけたり

腕の花には鈴をつける

環境のポイント
皆で踊れるよう季節の曲「うれしいひなまつり」を用意しておきましょう。

活動の内容
- ひなまつりの歌に合わせて自由に踊る。
- ももの花になりきって楽しむ。

3月の文例集

CD-ROM → 📁 1歳児 _ 季節の文例集→ p181_3月の文例集

前月末の子どもの姿
- 1年の区切りの時期が近づき、進級の準備から情緒が不安定になっている子どもが見られた。
- これまでより長い距離を歩けるようになり、広域避難場所にも徒歩で行くことができた。

養護のねらい
- 年度替わりの時期でも、生活リズムを崩すことなく1日を過ごせるようにする。
- 手洗い、うがい、靴を脱ぐなどの身のまわりのことを自分なりに行えるようにする。

健康・安全への配慮
- 新しい年度に向けて不安感をもったり、登園を嫌がることがないよう、温かな気持ちで接する。
- 自分の足で動くことに慣れて油断し、けがをすることがないよう配慮する。

ねらい
- ♣ 新しい保育室を見学する。
- ♥ 皆で一緒に仲よく遊ぶ。
- ♣ 春の訪れを感じながら散歩する。

内容
- ♣ 進級する保育室に保育者や他児と一緒に行き、4月からの園生活を楽しみにする。
- ♥ 一人遊びから、ごっこ遊びや簡単なルールのある遊びなどを皆で楽しむ。
- ♣ 手つなぎの散歩で公園に行き、梅やチューリップが咲いていることに気づく。

環境構成
- ♣ 2歳児の保育室を何回か見学し、雰囲気に慣れていくようにする。
- ♣ 一人遊びから集団遊びへと発展させる際、ついていけない子どもには個別に対応する。

保育者との関わりと配慮事項
- ♣ 成長には個人差があるため、遊びの獲得も焦らず個々に合わせて次の段階へとすすめていく。
- ♣ 無理をして遠くまで出かけなくても、春の訪れは日なたぼっこでも感じられるので臨機応変に対応する。

職員との連携
- アレルギー、障がい、基礎疾患などに変化がないか、保護者からの資料をもとに職員全体で確認し、進級に備える。
- 新入児の情報を整理し、職員全体で共有する。

家庭・地域との連携
- 新年度に必要なものなどについて、改めてお知らせを配布する。
- 新年度までに行っておいてほしい事柄を保護者一人ひとりに伝える。

食育
- 保育者や友だちと会話を楽しみながら食事をする。
- ひなまつりの献立を楽しむ。

健康 ✚　人間関係 ♥　環境 ♣　言葉 ▬　表現 ♪

保育日誌

◎ CD-ROM → ■ 1歳児 _ 保育日誌
→ p182-p183_ 保育日誌 4-9月

保育日誌とは、日々の保育を振り返り、次の保育に生かしていくための記録です。指導計画に基づいて保育を行い、設定したねらいや内容に対して実際にどうだったか、具体的な子どもの成長、今後の課題について記入していきます。ここでは週案で紹介した活動についての保育日誌を掲載します。

月／日	主な活動	子どものようす	評価・反省
4／○ （水）	● 園庭散策	● 室内遊びを中心に過ごしていたが、今日から保育者と手をつないだり、ワゴンに乗ったりして園庭に出るようになった。これまでと異なった活動にとまどい、泣く子どもも見られた。	● ひとり歩きできる子もまだ歩行が不安定なので、手をつなぐ、目を離さないなど十分な注意が必要であると感じた。今後の戸外での活動の際にも気をつけていきたい。

▶ 4月週案 46・47 ページへ

月／日	主な活動	子どものようす	評価・反省
5／○ （水）	● 誕生会	● 今月が誕生日の子どもは名前を呼ばれ、メダルを受け取るとうれしそうにしていた。低月齢の子は誕生日の意味がわからず、自分もお祝いしてほしいと、保育者に身振りで伝えていた。	● 5月生まれ以外の子どもも満足でき、自分の誕生月を楽しみに待てるように配慮することが必要だと思った。来月からの誕生会では皆が楽しめるよう、誕生日のことをわかりやすく伝えていきたい。

▶ 5月週案 58・59 ページへ

月／日	主な活動	子どものようす	評価・反省
6／○ （土）	● 異年齢保育 （ティッシュボックスの積み木）	● 異年齢の子どもたちと一緒にティッシュボックスの積み木に挑戦した。年上の子どもたちが上手に積み上げるのを見ていたり、大きな作品の下をはいはいでくぐったりする姿が見られた。	● 年上の子どもたちに圧倒され、ただ見ているだけの子どももいた。異年齢保育の際には、皆で楽しめるような声かけや個別の援助が必要だと感じた。

▶ 6月週案 70・71 ページへ

月／日	主な活動	子どものようす	評価・反省
7／○ （金）	● 七夕まつり	● たんざくに願い事を保育者に書いてもらい、子どもたちが自分で飾り付けをした。笹を見るのがはじめての子どもも多く、楽しんでいた。飾り付けが終わったら、ホールに向かい、「たなばたさま」を皆で歌った。	● 紙芝居の間に歩き回ってしまう子どもや、年長児の歌声の大きさにびっくりする子どももいたが、皆行事の雰囲気を楽しんでいた。今後も季節の行事のおもしろさが伝わるようにしていきたい。

▶ 7月週案 82・83 ページへ

月／日	主な活動	子どものようす	評価・反省
8／○ （水）	● プール遊び	● プール遊びが始まったころは水を怖がって泣く子どももいたが、今日は慣れて水をかけあったり、じょうろを使ったりして楽しめるようになった。水遊びが苦手な子どもは、小さなたらいで無理なく遊んでいた。	● まだ足元が安定していない子どもについては、保育者が抱いて一緒に水に入ることで、安全に遊ぶことができた。今後も安全に遊べるように職員同士で十分確認して実践していきたい。

▶ 8月週案 94・95 ページへ

月／日	主な活動	子どものようす	評価・反省
9／○ （木）	● 園周辺の散歩	● 公園まで散歩をした。途中で会った人にあいさつをしたり、生垣の花に興味をもったりするなど、園内と違う場面を楽しんでいた。また、消防署や交番をルートに入れることで、翌日の防災訓練を意識することができた。	● 子どもたちが「あれなあに」と興味をもったことを保育者に尋ねるため、散歩の予定時間をオーバーしてしまった。予定の変更については、臨機応変に対応できるようにしていきたい。

▶ 9月週案 106・107 ページへ

保育日誌

● CD-ROM → 📁 1歳児_保育日誌
→ p184-p185_保育日誌 10-3月

月／日	主な活動	子どものようす	評価・反省
10／○ （土）	● 運動会	● 保護者と一緒に運動会を楽しむ姿が見られた。競技では、最初は緊張していたが、年長組が楽しそうに踊っているダンスを見てあこがれの気持ちをもち、一緒に体を動かすようすも見られた。	● 運動会当日になると、予行練習のときのように体が動かなかったり、最初は行事の雰囲気にとまどって泣いたりする子どももいたが、徐々に笑顔が見られ、全員で行事に参加することの楽しさは感じることができたと思う。

▶ 10月週案 118・119ページへ

月／日	主な活動	子どものようす	評価・反省
11／○ （月）	● 室内遊び （お絵描き）	● 保育者が用意したクレヨンやタンポを使って、少人数のグループに分かれて、大きな紙に絵を描いた。それぞれが好きな色を選んで自由に描いていた。できた作品を保育室に飾ると、うれしそうに見ている子どももいた。	● 少人数のグループに分かれたので、絵の好きな子どもは集中して楽しめたようすだったが、あまり関心のない子どももいた。この時期の子どもの興味は個人差があることを実感した。

▶ 11月週案 130・131ページへ

月／日	主な活動	子どものようす	評価・反省
12／○ （火）	● 室内遊び （歌、絵本など）	● ホールでクリスマスのパネルシアターを皆で楽しんだあと、すずをならしながら「あわてんぼうのサンタクロース」を歌った。活動のあと「サンタさん」などと口にする子どももいた。	● 1歳児にはまだ「あわてんぼうのサンタクロース」はテンポが早く、歌うことが難しかったが、曲に合わせてすずをならすことは楽しめた。行事への興味が出てきたので、クリスマス会に向けて、季節の歌を多く取り入れたい。

▶ 12月週案 142・143ページへ

月／日	主な活動	子どものようす	評価・反省
1／○ （水）	● 園庭遊び	● 寒い日が続いて室内遊びが中心だったが、日が出ていたので園庭でおしくらまんじゅうを楽しんだ。かぜ気味の子は戸外での活動がつらそうだったので、室内で絵本を見たり、ブロックで遊んだりしていた。	● 戸外遊びが終わったあと、自分からうがいや手洗いをする子どもも増えて、成長が感じられた。これからも外から戻ったら手洗い・うがいをする習慣がつくようにしていきたい。

▶ 1月週案 154・155 ページへ

月／日	主な活動	子どものようす	評価・反省
2／○ （火）	● 室内遊び （小麦粉粘土）	● 小麦粉粘土を指でつついたり、ちぎったり、丸めたりして、粘土の感触を楽しむ遊びをした。つつくとへこんだり、ちぎると2つに分かれたりするのがおもしろいようで、遊びが盛り上がった。	● 特に月齢の低い子どもは、何でも口に入れるので、粘土の誤食に注意して見守った。小麦粉アレルギーの子どもへの対応も含めて、安全に遊べるよう気をつけつつ、子どもの発見や驚きに共感することも忘れないようにしたい。

▶ 2月週案 166・167 ページへ

月／日	主な活動	子どものようす	評価・反省
3／○ （土）	● お別れ会	● 事前にクラスの皆で、静かに話を聞くことを声に出して確認し合ったが、卒園児の発表のときに、じっと座っていられなかったり、3歳児の雰囲気に気おされて泣いてしまったりする子どももいた。	● 月齢が低い子どもたちのために、長時間になる行事では、子どもの興味の持続時間を考えてプログラムをつくることが必要だと感じた。

▶ 3月週案 178・179 ページへ

1年間の指導計画を振り返ってみよう

指導計画の振り返りの方法はさまざまなものがありますが、本書でおすすめする方法は、1年分の月案の「ねらい」を振り返ることです。例として、5領域の「健康」の項目のねらいに焦点をあてて、1年間を振り返ってみましょう。

4月

低月齢児	高月齢児
新しい担任のそばで安心して入眠する。 ポイント❶	新しい保育者や友だちのいる環境に慣れる。

5月

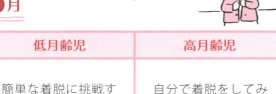

低月齢児	高月齢児
簡単な着脱に挑戦する。 ポイント❶	自分で着脱をしてみる。

6月

低月齢児	高月齢児
衣服の着脱に興味をもつ。 ポイント❶	清潔に過ごす心地よさを感じる。 ポイント❶

7月

低月齢児	高月齢児
水遊びで、思い切り体を動かす。	全身で水の冷たさを楽しみながら安全に水遊びをする。

8月

低月齢児	高月齢児
排泄したことを、保育者に知らせる。 ポイント❸	身のまわりの簡単なことを意欲的に自分で行う。

9月

低月齢児	高月齢児
保育者の声かけでトイレに行く。 ポイント❸	いろいろな食材に興味をもち、苦手なものも少しずつ食べてみようとする。 ポイント❶

10月

低月齢児	高月齢児
自らトイレで排泄しようとする。 **ポイント❸**	戸外で体を思い切り使って遊ぶ。 **ポイント❷**

1月

低月齢児 **ポイント❶**	高月齢児
身のまわりを清潔に保つ習慣を身につける。	約束を守ろうとする。

11月

低月齢児	高月齢児
生活のなかでさまざまな動きで体を動かす。	秋の自然を感じながら、戸外で元気に遊ぶ。

2月

低月齢児	高月齢児
衣服を自分で着脱する。 **ポイント❶**	固定遊具の使い方や約束ごとを守る。

12月

低月齢児	高月齢児
戸外で体を十分に動かして遊ぶ。 **ポイント❷**	自発的にせっけんで手を洗おうとする。

3月

低月齢児	高月齢児 **ポイント❶**
2歳児室で過ごすことに慣れる。	2歳児と一緒に遊ぶことを楽しむ。

1年を通して「ねらい」を見て、わかること

ポイント❶ 「健康」の項目では、睡眠・食事・排泄・着脱・清潔、また心身の安定などについての「ねらい」が設定されていることがわかります。

ポイント❷ 高月齢児と低月齢児では発達に差があるので、高月齢児の目標の1～3か月後に低月齢児で似たような「ねらい」が設定されることがあります。

ポイント❸ 排泄や着脱は、1歳児ではまだ自分で全部行うことは難しいのですが、少しずつ目標が変わっていくことがわかります。
例：おむつに排泄したことを知らせる（8月）→保育者の声かけでトイレに行く（9月）
→自分からトイレに行ってみる（10月）

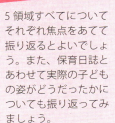

振り返りのチェックポイント

5領域すべてについてそれぞれ焦点をあてて振り返るとよいでしょう。また、保育日誌とあわせて実際の子どもの姿がどうだったかについても振り返ってみましょう。

≪CD-ROMについて≫

付属のCD-ROMには、本誌で紹介されている文例のWord形式のデータが収録されています。
CD-ROMをお使いになる前に必ず下記をご確認ください。
付属のCD-ROMを開封された場合、以下の事項に同意されたものとします。

■動作環境
- 対応OS：Microsoft Windows7以上
- アプリケーション：Microsoft Office Word 2010以上
- CD-ROMドライブ

※付属のCD-ROMを使用するには、パソコンにCD-ROMを読み込めるCD-ROMドライブが装備されている必要があります。

■使用上の注意
- 本誌では、Windows7上でMicrosoft Office Word 2013を使用した操作手順を紹介しています。お使いの動作環境によって操作方法や操作画面が異なる場合がありますので、ご了承ください。
- お使いのパソコン環境やアプリケーションのバージョンによって、レイアウトが崩れて表示される場合があります。

※Microsoft Windows、Microsoft Office、Wordは米国Microsoft Corporationの米国およびその他の国における登録商標です。その他、記載されている製品名は、各社の登録商標または商標です。本書では、™、®、©マークの表示を省略しています。

■使用許諾
本誌掲載の文例、および付属CD-ROMに収録されたデータは、購入された個人または法人・団体が、営利を目的とせず、私的な目的（掲示物、園だよりなど）で使用することができます。ただし、以下のことを遵守してください。

- 他の出版物、園児募集のためのPR広告、インターネットのホームページ（個人的なものを含む）などでの使用はできません。これらに無断で使用することは法律で禁じられています。また、付属CD-ROM収録のデータを加工・変形し、上記内容に使用することも同様に禁じられています。
- 付属CD-ROM収録のデータを複製し、第三者に販売・頒布（インターネットや放送を通じたものを含む）、譲渡・賃貸することはできません。
- 本書に掲載および付属CD-ROMに収録されているすべての文例等の著作権・使用許諾権・商標権は弊社に帰属します。
- 付属CD-ROMを使用したことにより生じた損害、障害、その他いかなる事態にも、弊社は一切責任を負いません。
- 付属CD-ROMは音楽CDではありません。オーディオプレイヤーなどで再生しないでください。
- CD-ROMの裏面を傷つけるとデータが読み取れなくなる場合があります。取り扱いには十分ご注意ください。
- 本書記載の内容についてのご質問は弊社宛てにお願いいたします。CD-ROM収録データのサポートは行っていません。

CD-ROMに収録されているデータについて

付属のCD-ROMを開くと、各指導計画の名前のついたフォルダが入っています。指導計画のフォルダのなかには、掲載ページごとのフォルダがあり、本誌で紹介されている指導計画のテンプレートがWord形式で収録されています。

① CD-ROMに収録されている Wordファイルを開こう

使いたいテンプレートがきまったら、CD-ROMからファイルを探してパソコン上にコピーしましょう。
ここでは、Windows7上で「4月_高月齢児」のWordファイルをパソコン上に保存し、開いてみます。

1 CD-ROMを挿入する

付属のCD-ROMをパソコンのCD-ROM（DVD-ROM）ドライブへ挿入すると、自動再生ダイアログが表示されるので、「フォルダーを開いてファイルを表示」をクリックします。

- ダイアログを閉じてしまったり、表示されない場合は、スタートメニューの「コンピューター」から、「CD-ROMドライブ」をクリックして開くことができます。
- 「スタート→コンピューター→1歳児の指導計画」をクリックしていってください（Windows10の場合は「スタート→エクスプローラー→1歳児の指導計画」）。

2 目的のフォルダーを開く

CD-ROMの内容を開くと、各章の名前のついたフォルダが表示されます。

「1歳児_月案」→「P38-P41_4月の月案」と開いていきましょう。
P38～41に掲載されている4月の月案のWordファイルがあります。

3 ファイルをパソコン上にコピーする

コピーしたいファイルをクリックしたままウィンドウの外へドラッグ（移動）しマウスボタンを離すと、デスクトップ上にファイルがコピーされます。

4 ファイルをダブルクリックする

デスクトップ上にコピーした「4月_高月齢児」をダブルクリックします。

5 Wordファイルが開く

Wordが起動し、「4月_高月齢児」のテンプレートが開きます。

2 Wordの文章をコピーして、別ファイルの表へ貼り付ける

付属CD-ROMに収録されているテンプレートの文章をコピーし、所属している園で使用している表へ貼り付けてみましょう。また、文章を編集したり、文字の大きさやフォント（書体）を変更する方法を説明します。

1 Wordの文章をコピーする

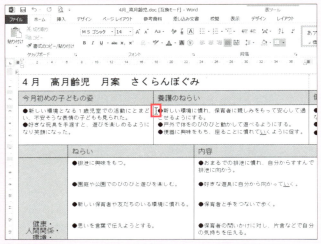

使いたい文章の先頭にカーソルを合わせ、クリックしながら文章の終わりまでドラッグし、文字列を選択します。

選択された範囲の色が変わり、選択状態になります。

「ホーム」タブ内の「コピー」をクリックすると、選択した文字列がコピーされます。
- 「Ctrl」キーを押しながら「C」キーを押すことでもコピーすることができます。

2 自分の園の表へ貼り付ける

文字列をコピーしたら、所属している園で使用しているファイルをダブルクリックして開きます。

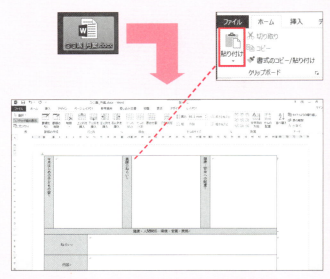

文章を貼り付けたい場所にカーソルを合わせてクリックし、「ホーム」タブ内の「貼り付け」をクリックします。
- 「Ctrl」キーを押しながら「V」キーを押すことでも貼り付けされます。

カーソルがおかれた場所に、コピーした文字列が貼り付けされました。

3 文章を編集する

文章を編集する場合は、編集したい文字列をドラッグして選択します。

選択した文字列を「Delete」キーで削除するか、選択範囲の色が変わった状態のまま文字を入力し、新しい文章に書き換えます。

4 文字の大きさや、フォントを変更する

文字の大きさや、フォントを変更してみましょう。まず、変更したい文字列をドラッグ選択します。

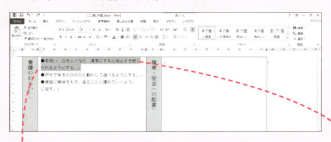

フォントの変更

フォント欄の右にある「▼」をクリックすると、使用できるフォントの一覧が表示されます。好きなフォントを選んでクリックすると、文字のフォントが変更されます。

5 編集した Word ファイルを保存する

編集したファイルを保存するには、「ファイル」タブを開き「名前を付けて保存」または「上書き保存」をクリックします。

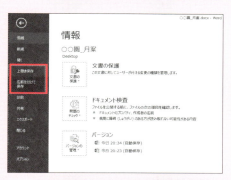

編集前のファイルを残したい場合は「名前をつけ保存」をクリックし、「ファイル名」欄に新しいファイル名を入力します。保存先を指定したら「保存」をクリックします。
元のファイルに上書きする場合は、「上書き保存」をクリックします。

● せっかく作成したデータが消えてしまわないよう、こまめに保存をするようにしましょう。

「ファイルの種類」で「Word97-2003 文書」を選択して保存すると、古いバージョンの Word でも開くことのできる形式で保存されます。

大きさの変更

「ホーム」タブのフォントサイズ欄の右にある「▼」をクリックすると文字サイズの一覧が表示されます。

数字は直接入力して変更することもできます。

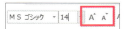

また、「A▲」「A▼」をクリックして文字の大きさを拡大・縮小することが出来ます。

191

● **監修者**

原 孝成（はら たかあき）

目白大学人間学部子ども学科教授
広島大学大学院教育学研究科博士課程前期幼児学専攻修了。
著書に『指導計画の書き方』（共著、チャイルド社、2016年）、
『保育の心理学Ⅰ』（共著、中央法規出版、2015年）など多数。

● **執筆**

粟生こずえ

● **気になる子の個人案・発達援助別個人案の執筆**

堂山亞希（目白大学人間学部子ども学科専任講師）、橋本朋子

● **協力**

社会福祉法人　新栄会（東京都新宿区）

〔スタッフ〕

編集協力：増田有希、宮本幹江
本文デザイン：伊藤 悠（OKAPPA DESIGN）
本文イラスト：おおたきょうこ

本書の内容に関するお問い合わせは、**書名、発行年月日、該当ページを明記**の上、書面、FAX、お問い合わせフォームにて、当社編集部宛にお送りください。**電話によるお問い合わせはお受けしておりません。**
また、本書の範囲を超えるご質問等にもお答えできませんので、あらかじめご了承ください。
　　FAX：03-3831-0902
　　お問い合わせフォーム：https://www.shin-sei.co.jp/np/contact.html

落丁・乱丁のあった場合は、送料当社負担でお取替えいたします。当社営業部宛にお送りください。
本書の複写、複製を希望される場合は、そのつど事前に、出版者著作権管理機構（電話：
03-5244-5088、FAX：03-5244-5089、e-mail：info@jcopy.or.jp）の許諾を得てください。
JCOPY ＜出版者著作権管理機構 委託出版物＞

1歳児の指導計画 完全サポート　　CD-ROMつき	
2018年 4 月 5 日　初版発行	
2025年 1 月 5 日　第 7 刷発行	
監 修 者	原　　孝　　成
発 行 者	富　永　靖　弘
印 刷 所	公和印刷株式会社

発行所　東京都台東区　株式　　　**新星出版社**
　　　　台東 2 丁目24　会社
　　　　〒110-0016 ☎03(3831)0743

Ⓒ SHINSEI Publishing Co., Ltd.　　　　　Printed in Japan

ISBN978-4-405-07266-4